# 芸術療法
## 新装版

*Iimori Makio*
## 飯森眞喜雄
[編集]

日本評論社

## 新装版まえがき

　本書の元は『こころの科学』92号（2000年）特別企画「芸術療法」ですが、2011年に"こころの科学セレクション"の1冊として出版されてからロングセラーとなり、このたび新装版刊行の運びとなりました。著者のなかには悲しくも他界された方もいらっしゃいますが、関係者のご尽力で新装版にすることができました。ここで改めて著者と関係者の皆様、そしてとりまとめられた日本評論社の遠藤俊夫さん、此村友紀子さんに御礼申し上げます。

　本書はコンパクトな書物ですが、芸術療法についてのエッセンスが詰まっています。また、『こころの科学』発行時から20年が経っていますが、内容はまったく古びていません。表現活動をする唯一の動物であるヒトは太古から、そして幼少期からさまざまな形で自己を表現してきました。芸術療法とはそうしたヒトの根源的な特質を生かした治療法なのであり、本書を通して読者が改めて表現することの治癒力を知り、さまざまな分野でその力を生かしていただければと願っています。

　次頁以下に、芸術療法の概要が一読できるように旧版のまえがきを載せておきます。

2019年7月

飯森眞喜雄

## 旧版まえがき

　芸術療法は以前は絵画療法 art therapy と同義であったが、今日では arts therapy とも英語表記されるように、絵画のみならず、コラージュ、陶芸や粘土などによる造形、箱庭、音楽、俳句や短歌も含む詩歌、心理劇などの演劇、舞踏やムーヴメントといった、さまざまな表現活動を通して行う精神療法の総称となっている。

　芸術療法というと、「芸術」という冠からして何か高邁でとっつきにくい特殊な療法のように感じられるかもしれない。しかし、芸術療法の基本原理はわれわれが小さいときからやってきた表現活動のなかにある。たとえば、はしゃぎながらやっている「なぐりがき」や、独り言をいいながらやっている空想の国の「おえかき」、夕闇が忍び寄るのも気づかずに夢中になってやっている「砂場遊び」、木漏れ日の綾なす光と影を舞台に飛び回っている「ごっこ遊び」、思春期にそっとノートを開いて記す「詩作」、といったもののなかにこの療法の本質を見いだすことができよう。これらの活動は、その当時はむろんのこと大人になってからも気づくことはないが、われわれにとってかけがえのない成長の手立てであったのである。芸術療法とはこうした表現活動のもつ意義を治療に生かそうとするものなのである。

　日本の芸術療法が徳田良仁博士（日本芸術療法学会名誉会長）によって種が蒔かれてからおよそ半世紀。そのたゆまぬ情熱と献身によって育まれた芽は、今日さまざまな土壌で花開き、わが国の芸術療法は質量ともに世界最高水準にある。当初は精神科病院を舞台とし、精神病患者を主な対象にしていたが、近年では軽症の精神障害はもとより、老人施設やターミナルケア施設などへと拡大してきている。

　そこで本書では、代表的な技法をとりあげながら、わが国の芸術療法の到達点と今後の展開とを眺めてみた。

# 芸 術 療 法

[新装版]

## 目 次

新装版／旧版まえがき………………飯森眞喜雄　iii

## ［PART・1］ 芸術療法とは

### 1　芸術療法総論 ……………………………………徳田良仁・伊集院清一　3
はじめに／絵画療法の現況／わが国独自に発達した絵画療法と描画法
詩歌療法とくに俳句・連句療法／音楽療法の現状／おわりに

### 2　芸術療法の有益性と要注意点 ………………………中井久夫　19
はじめに／「関与しながらの観察」／行動化、転移、解釈
「示す」ことと「語る」こと／"第3の対象"として？
治療者のデカセクシス decathexis を救うこと
要注意点について二、三

### 3　イメージ表現の心理学 …………………………………高江洲義英　29
──芸術療法とそれを包む場

出会いとしての芸術療法─イメージ表現の力学（ダイナミクス）
芸術療法における表現水準の諸段階─イメージ表現の位相（トポロジー）
芸術療法の場で「表現されるもの」─イメージ表現の経済（エコノミー）
芸術療法の効果と限界、そして環境療法─イメージ表現の制度論的作用（システム）

### 4　芸術療法の適応と注意点 ………………………………飯森眞喜雄　41
はじめに／芸術療法の意義と目的／芸術療法の適応の基準と注意点
芸術療法において言葉の果たす役割

### 5　絵画療法と表現病理 ……………………………………中村研之　53
──知っておくべき表現病理的ことがら

はじめに／「木を見て森を見ず」ではいけない／統合失調症の表現病理
躁うつ病の表現病理／表現病理と絵画療法／おわりに

## [PART・2] 芸術療法とその技法

**6 個人絵画療法** ………………………………………… 吉野啓子 69

絵画を用いることのメリット／絵画療法と精神療法
臨床の場での個人絵画療法

**7 集団絵画療法** ………………………………………… 関　則雄 79

集団絵画療法の歴史／集団絵画療法の利点と治療的側面
集団絵画療法のグループの形式／テーマ中心集団絵画療法の実際／おわりに

**8 コラージュ療法とその展開** ……………………… 入江　茂 93

コラージュとは／黎明期のコラージュ療法／美術家によるコラージュ技法の探
索とアメリカのランドガーテン、ドイツにおけるコラージュ療法の開発／コラ
ージュ療法の発想とその成立／コラージュ表現の諸技法の導入と適用について
／絵画や箱庭の作品とコラージュ作品の違いと共通点／おわりに

**9 箱庭療法** …………………………………………… 弘中正美 113

一表現技法としての箱庭療法／箱庭療法を行うための用具
箱庭療法の実施—準備と導入
箱庭療法の実施—箱庭制作中と制作後の治療者の基本姿勢
箱庭作品をめぐるコミュニケーション／箱庭表現を理解するポイント

**10 音楽療法** …………………………………………… 阪上正巳 123

音楽療法をめぐる状況／音楽療法の定義と種類／音楽療法のパラダイム
音楽療法士の専門能力／音楽療法における音楽

**11 詩歌療法** …………………………………………… 田村　宏 137

はじめに／詩とはなにか／詩歌と癒し／日本の伝統的短詩型
詩歌療法—治療としての詩歌／適応と技法／症例から／考察／おわりに

vii

**12 芸術療法としての心理劇** ………………………高良　聖　149

芸術療法と心理劇／創始者モレノ／心理劇の構成要素
心理劇療法家の役割／心理劇の構造／使用される技法について
1セッションの流れ／おわりに／補遺(茨木博子)

**13 ダンスセラピー** ………………………………町田章一　161

はじめに／セッションを始める前に／セッションの実際／導入／展開
終結／セッションが終わってから／ダンスセラピーを体験するには
ダンス・セラピストになるには


**[PART・3] 芸術療法の新たな広がり**

**14 ターミナルケア施設における芸術療法**
　　………………………………富澤　治・中根千景・園　麻由子　175

はじめに／終末期の心理的特質と芸術療法／具体的な手法
時間を乗り越えるために

**15 老年期痴呆と芸術療法** ………………………中川保孝　183

デイケアと芸術療法／「ものわすれクリニック」の開業／症例から学ぶもの
ものわすれと痴呆について／まとめ／おわりに／追記(中川龍治)


執筆者一覧………………201

[PART] 1

# 芸術療法とは

［PART・1］芸術療法とは

# 1 芸術療法総論

徳田良仁・伊集院清一

## はじめに

　精神医学・臨床心理学・心理学の発展の経過を辿ると、人間の表現活動や創造行為、いわば芸術的なあらゆる分野の所産をそれぞれまとめ上げ、それらを心身のケア並びに治療に役立てる試みが連綿となされている。この治療学をわが国においては芸術療法として一括して呼ぶが、この試みは比較的早くから行われていた。初期に研究会から始まったものが、ついで学会として組織されるようになり、すでに半世紀を越えた。この間、各ジャンルは研究・実践を積み重ね治療実績と経験を豊かにしつつ現在に至っている。

　わが国において日本芸術療法学会に統合されている療法の種類は、絵画、音楽、詩歌（俳句・連句）、文芸、ダンス・ムーブメント、箱庭、心理劇、陶芸、園芸など、多種類にわたる。

　おのおのの領域は、固有の実践的な特色や理論的アプローチ、さらに歴史をもっており、治療法として必ずしも一つの方法や次元として括ることはできない。しかし、これらのいくつかの治療技法は、表面的にはそれぞれ異なっているように見えて、実はその基礎的な部分では、共通の理念が存在している。それは芸術療法で扱われるイメージというものが、治療者によって計画的・意図的に誘導されるものではなく、保護された治療環境のもとで、あくまでもクライエント自身の自発的で無意識的な投影が認められることを前提としていることである。

芸術療法総論　3

加えてそこに、「芸術を創造する力」が有する「イメージ（表象、心象、象徴などを総称して）を吐き出し、イメージを見、イメージを感じ（聴き）、イメージを語る」力が与える「自己治癒力」の存在を認めていることが挙げられよう。

　それは芸術療法の各ジャンルがいわゆる言語による面接のみでは得られない情報として、それぞれ言語化以前の思いや言語化困難な感情的要素をイメージ表現で代行したり、補足したりすることが可能な手段をもっていることである。それらは時に日常の言語活動を超えた象徴性をもつ諸種の芸術的イメージ表現手段（絵画、音楽、俳句・連句、ダンス・ムーブメントなど）を用いて、直接的にありのままにその時々の状態を自己表現することを可能にするのである。これが総称としての芸術療法の共通の認識・前提であり、ここから各療法が出発しているといえよう。

　ここで芸術療法の全般にわたって、現在の意義を述べるには紙数が足りない。そこで絵画療法、詩歌（俳句・連句）療法、音楽療法の現況と若干の海外の動向について述べる。


## 絵画療法の現況

　絵画療法においては、治療者自らが得意とし、習熟しているいくつかの治療理論にもとづいて得られたイメージを受容し解釈し、治療関係を構築する。

　現在の欧米各国における Art Therapy の理論と手技を、ルビン（Judith A. Rubin）の紹介を参考に挙げてみる。精神力動的な心理分析に基礎理論をおくもの、人間学的な解釈に基礎理論をもつもの、行動学的な領域に基礎理論をもつもの、認知心理学的、発達心理学的な研究に基礎理論をもつもの、さらに折衷主義的な方法論における絵画療法のアプローチを中軸として実践を展開しているものなど多様である。

　具体的には精神力動的な絵画療法では、洞察、昇華、象徴、対象関係など、自己心理学的な要素を力説したフロイトの精神分析的理解に添っている。またユングの分析心理学に基礎をおく絵画療法では、空想や夢や象徴理解、さらに葛藤、心理的存在の動きや流れを敏感に理解し確認することによって治療が成立していく。また人間学的アプローチにおいては、アドラーの理論やゲシュタ

ルト絵画療法の理論にもとづいて治療に応用する。さらに実存的、現象学的ア
プローチによるもの、また理論的拡がりにおいて、行動学的、認知心理学的、
発達心理学的な理論にもとづいた絵画療法的アプローチも現実の治療の場に有
用なものとなっている。

　このように、既存の心理学の諸派をそれぞれ基礎とし応用した精神療法とし
ての絵画療法の理論と実践が行われている。これらは欧米においても、わが国
においても同様の発達と選択にゆだねられているが、わが国においては前述の
既存の理論によらず、より臨床経験にもとづいた見地から独創的な描画法が生
まれていることに注目したい。


## わが国独自に発達した絵画療法と描画法

　芸術療法のアプローチを絵画表現を通じて理解する場合、絵画療法のもとで
心理テストとして開発された描画法からの応用（変法）がなされることも多い。
それらの描画法はすでに多くの検証を受けており、有効利用しうる場面も多く
開かれている。そのために芸術療法に精神療法・心理療法の過程の中で治療の
一翼を担わせることが有効であり、その貢献が大である。それは絵画療法の導
入に際して、以下のような幾多の試みがなされていることからもうかがえよう。
一般には自由画が基礎的な表現形式とみなされ、自発的な自己表現が保証され
ることが必要である。しかし治療経過の中で、自由画そのものが表現しにくく、
とりかかりが難しい場合がまま起こりうる。このような場合に治療者は、その
表現の困難さを軽減するために、導入方法を考慮するのである。

　導入画法として人物画、樹木画、家族画、動的家族画（ＫＦＤ）さらにＨＴ
Ｐ（House Tree Person）や色彩分割法などが挙げられる。これらは従来型のテ
スト万能型の形式としての利用であれば、応用にも限界がある。しかし、絵画
療法の表現主題として利用する場合には、その各主題のテーマ表現を試みる過
程で、その背後にある心理的問題点が意識的にあるいは無意識的に表現され、
心理療法としても重要な要素を投影していることがある。もちろん表現する（描
く）か否かの選択はクライエントにゆだねられていることは言うまでもない。
このあたりが絵画表現の融通無碍の利用の仕方である。伊集院がいうところの、

芸術療法総論　5

あまり意味を押し付けない、また意味に迫られない描画法としても認識される。この点がわが国の描画法、いわゆる絵画療法の一つの独特な手法といえるかもしれない。

　臨床場面において用いられる描画法として、いくつかのものがある。たとえば前述のＨＴＰから発展的に構成された細木らの多面的ＨＴＰや、中西・徳田らの統合型ＨＴＰは、クライエントが描画表現に入りやすいという利点が考えられる。また、風景構成法（Landscape Montage Technique）は、すでに永年にわたり国内外の臨床経験に耐え、普及された技法である。創案した中井によれば、ロールシャッハ・テストのように目の前に与えられたパターンを読影し、選択し、解釈する投影的表象と対照的なアプローチで、画面の４周の枠で陰伏的に構造化されている素白の空間に統合的指向性をもって一つの全体を「構成」する構成的表象を基礎とする方法である。これはとくに統合失調症の病態変化を把握することを容易にし、その有効な運用により、言語交流をも図ることを可能にする。日常の実践的場面や精神療法においても統合失調症に限らず極めて有用であるとされている。わが国の描画法の特色として、中井の技法に継ぐものとして発展したいくつかの拡大したテーマが加わったものや、新しいテーマを取り入れた手法がみられる。伊集院の行った拡大風景構成法は、天象（空、雲、星空など）の描画（Sky Drawing）が工夫され意義を高めている。描画空間において精神的視野を地象から天象へと拡大し、風景を包む天象・地象表現を探るとともに、重力感覚や、上下左右感覚などを促進させ、構成的空間のもつ治療的側面を強化する。その他、誘発線法、拡大誘発線法などが組み込まれる研究が加わって多様化がもたらされた。後藤・中井の誘発線法は、多重意味をもちうる刺激図形（単純な線や曲線）を提示し、それをもとに絵を完成するように促す技法である。伊集院の拡大誘発線法は、誘発線法の構成的描画法としての側面を強化するために、たとえば人物部分刺激といった、治療者側の意図に沿った一連の流れを付加して刺激図形群を構築したものである。もちろんこれらのもののいくつかの手法を組み合わせて施行することも考えられる。

　枠づけ法（Fence Technique または Framed Technique、中井）はまた最も有効な導入法として創出された。通常の描画表現において、被治療者がこれから描くであろうところの、与えられる画用紙の４周に沿って、治療者がその被治

療者の面前で（サインペンあるいは鉛筆を用いてフリーハンドで）「枠」の線を描いてから、その後にその画用紙に描いてもらう方法を枠づけ法という。中井は、「枠」は表出することを保護するという意義と同時に、描くことを強いるという二重性の意義があるという。これはまさに精神療法としての絵画療法のアプローチの本質を語っているものであろう。

「間合い」による連作法とは、高江洲らが試みた手法であって、主として慢性統合失調症患者に対して、対人間の力動（時間、空間軸を伴う）である「間合い」の視点から、人物画や風景画を連作させていく方法である。それらを診断や治療の両面に役立たせている。

従来、精神病院で行われていた絵画療法は、いわば治療者の思いつきとクライエントの嗜好性に依りがちであった。しかし絵画療法全体を治療システムとして捉え、徳田らが「イメージ絵画精神療法」と名づけ実施している試みがある。これは、それまでの絵画療法に、治療環境を含めた治療グループに一つの治療構造を与え、表現精神病理学的診断にあたって基礎となるべきイメージ絵画分析を試みたものである。そのためのイメージ絵画分析表を試作したことも本邦においてはじめてであった。それは治療にかかわる者ができる限り客観的に、図像学的レベルで絵画の中でのイメージを分析することが可能になるよう考案されたものである。これは同時にイメージ絵画とのかかわり方を治療者（主治医および臨床心理士・芸術療法士などを含む）が等しく学ぶ訓練にもつながる試みでもある。解釈（分析）の手順を一定にし、解釈の根拠（要素）を明確にすることで得られる情報をさらに確実にすることが可能となる。その情報および診断の精度を高めることで、正確な治療計画をたてることができるように考案されている。これはさらに表現精神病理学的研究や臨床図像学的研究に有益でもある。

ＭＳＳＭ法（相互ぐるぐる描き物語統合法：Mutual Scribble Story Making）は、山中が、ナウムブルグの発案したスクリブルや、ウィニコットのスクイッグルをさらに発展させ、遊びの要素と、物語作りの要素を統合した方法である。通常の心理療法の場面や外来治療の場面においても安心して適用しうる方法である。

他方で、既存の写真や絵画や文字などのイメージを、新聞や雑誌その他の図

版から切り抜き、それらを自己の表現イメージとして利用しながら構成して、糊で張り付けて一つの図像を作る技法をコラージュと呼び、それを療法として試みたのがコラージュ療法である。わが国では箱庭療法の普及と相俟って、コラージュ療法は、集団絵画療法の中のみならず、個人絵画療法として導入され、成果を挙げている。

　以上、わが国で考案されたものを主として挙げたが、次に述べるものは、海外の研究者が先鞭をつけたり、最初に開発したものである。たとえば、なぐり描き法（Scribble Technique）は、ナウムブルグによって開発され、バウムテスト（Baumtest）はコッホによって紹介されている。後者は「（実のなる）木を（1本）描いて下さい」と教示するもので、クライエント自身の無意識の部分が投影されやすい。人物画（ＤＡＰ：Draw a Person）はグッドイナフらによって心理テストの一環として確立されたものであるが、多くの変法が存在する。家・木・人テスト（ＨＴＰ：House Tree Person）はバックによって紹介されたものである。原法では家、木、人を各々1枚ずつの紙に、合計3枚描かせる。このようなプロセスの中で人間像、自己像、人間関係・生活・価値観など、各種の診断に役立てることができる。しかし、これらの技法から発展したわが国で利用されている技法の多くは導入しやすく表現しやすいものであると同時に、クライエントと治療者間の言語的交流も得やすく、より精神療法に関与した要素が得られやすい。このように絵画療法・描画法は欧米から始まったものであるが、現在では、わが国独自のものが多くの検証を経て、システムとして組み込まれ、成果を挙げている。


## 詩歌療法とくに俳句・連句療法

　詩歌療法とは詩歌を媒体とする精神療法のことをいう。1981年、American Handbook of Psychiatry の第2版の中に1章を与えられ、1987年には専門誌 Journal of Poetry Therapy（季刊）が刊行されている。

　本邦では、飯森が『芸術療法2　実践編』の「俳句・連句療法」で、さらに浅野が『臨床精神医学講座15巻―精神療法』で、それぞれ理論と展開の様相について述べている。

現在のわが国での詩歌療法は、臨床の実践からは、いわゆる詩歌を用いたものよりも俳句・連句療法が主流になっている。わが国固有の伝統に根差した俳句・連句療法は、言語的な構成をはじめ、感覚・感情の投影のあり方を含めて欧米と比較して独自性を発見できる。この発展の経過は、1977年第9回日本芸術療法学会で飯森が俳句療法を発表したことに始まり、ついで1982年第14回日本芸術療法学会で浅野が連句療法を発表した。これらが今日の発展の基礎となった。その後『俳句・連句療法』（徳田監修、飯森・浅野編集）が1990年に出版されてから、さらに広い範囲で精神医療の中に取り入れられてきている。

### 詩歌の治療的意義

　詩歌の表現の治療的意義について、安藤はメルロ＝ポンティの言語論を借りて、「語る言葉」の沈殿物にすぎなかった「語られた言葉」が、再び「語る言葉」へと活性化されてゆくプロセスなのである、という。すなわちそれは、既存の意味あるいは既成の文化体系が新しい姿をとって再編成されることを可能にする言語的所作であるといい換えられ、精神療法における詩の意義とは、まさにここにある、と述べている。フロイトの「空想」からユングの「想像」への飛躍は、この言語というものの本質構造にもとづいているといえるかもしれない、と。続けて、「想像とは、能動的で目的的な創造」、すなわち「語る言葉」にほかならないと述べ、さらに、安藤はメルロ＝ポンティの言葉から「言語はすべての身体活動の延長であり」「言語的所作もすべての所作と同じく、おのれ自らその意味を描き出している」と述べている。こうした視点は、いわば芸術療法として扱いうるほとんどすべての表現行為に同じく、発見しうる力であり、治癒力であるといえよう。詩句というきわめて象徴的な力を有するもののほとばしりを受け止めることは、芸術療法におけるあらゆるイメージを贈り物として受け止めることと等しく、そこに治療的意義があり、治療関係が始まりやすいといえよう。

### 俳句療法の適応

　俳句の適応について、星野は次のように主張している。詩型としての軽便さがあり、日本人の身についた、肌にぴったりとあった詩型であること。さらに

一つは俳句そのものからくる安全性と保護性であり、さらに対人間に限らず、生きている世界への共感性ないし愛を育てる（これがさまざまな、こころの治療のベースであろう）ことを基本的には目指していると述べる。飯森は『俳句・連句療法』の中で、とくに統合失調症を中心に、その経験を述べている。この際選択された統合失調症患者は、陽性症状の目立たない慢性統合失調症や急性期後しばらくたった状態にある人たちであり、そうした症例に対して行った俳句療法の経験から、飯森は理論を打ち立てている。ここで、飯森の俳句療法では、どのようなことが治療目標として設定されるのであろうか。飯森は、著作中でひとつの例をあげている。句作をしているとき、作者はすでに「想像の聴き手」に向かって語りかけており、その言葉の五・七・五のひびきとしらべにのりながら十七音を越えて現実の聴き手に向かって広がり深まって行くのを待っている、と。

　田村は連句を中心とする詩歌療法の知見から「慢性統合失調症にみられる意味体系の異常は認知、思考、コミュニケーションの障害を齎すが、その言語の障害に対応する精神療法によって治療することが可能である」という統合失調症に対する詩的言語による言語学的精神療法モデルを提唱している。

　現実に俳句療法にかかわってみるとき、おそらく句作のみによって治療効果を得られたと考えるほど単純なものではないことは実感できたとしても、それにかかわる本質的な治療効果を得るために要するものをまとめると、飯森の、俳句から得る利点の考察は重要である。

　①俳句による表現の喜びとそれをとおした共感の体験が味わえるようにする。

　②句作を治療的に方向づけられた彼らの言語表現の安全で有効な手立てとする。

　③俳句を失われやすい日常の“生きたコミュニケーション”の媒体とする。

　④機会を得てその作品をより深いコミュニケーションの入り口や道しるべとする。

　⑤俳句を媒体にして、“散文的やりとり”とは異なったありようのコミュニケーションの機会をもつ。

　⑥作品に込められたメッセージに注目し、それを受け止めることによって深い患者―治療者関係を結ぶことができる。

⑦句作や俳句鑑賞をとおして、彼らの希薄になった外的世界への関心を高め、無機的になっていた身のまわりの事物との生きた触れ合いの回復を図る。

⑧句作と俳句を媒体にしたやりとりをとおして、彼らにいわば"生きた身体"を蘇らせ息づかせる。

⑨患者と治療者が共に参加する詩のうまれくる過程（poetic process）から、「詩のインスピレーション」が湧いて新たな世界が開けてくる。

以上、飯森がいうように、詩作とは言葉で世界を謳うものであるが、単に情動の発散やカタルシス、あるいは深いコミュニケーションをもたらすのみならず、混沌から秩序だった世界の創出と新たな世界認識を目指す行為であるということができる。


## 海外の俳句ならびに俳句療法

海外において俳句はどのような状況にあるか、イタリアを例にとってみよう。俳句人口は500人程度。日本では伝統的な詩型の一つであるが、渡辺によるとイタリアでは詩法の新しさへの刺激・挑戦としてとらえられるという。1993年の日独俳句シンポジウム（ケルン日本文化会館）での印象を、渡辺は次のように述べている。ドイツ人の作品や解釈が、現象の背後に「意味」を求める省察的な傾向をもっているのに対して、イタリア人は、概して現象や言葉をそのまま楽しんでいるように思われる、と。

また、オーストリアのミュラー＝タールハイム（Wolfgang Müller-Thalheim）から、*Kunst Therapie nach Art der Haiku* という論文がよせられた。そもそもヨーロッパにおいて俳句は、クウデンホーフ＝カレルギ（Coudenhove-Kalergi）伯爵婦人アオヤマ・ミツコ（Mitsuko Aoyama）によって紹介され、それ以来の発展がある。また、レオ・ナブラチル（Leo Navratil）によって創造的表現形式としての完全なモデルとして *Schizophrene Dichter: Geist und Psyche* が著作されている。ミュラー＝タールハイムも schizomorphe Strukturen として、表現の形式において健康人と統合失調症患者の差異についての精細な見解を発表している。

海外の俳句療法に関する関心事をつまびらかにすることは現段階では困難だが、われわれの学会にドイツのジャーナリストが取材に現れ、とくに俳句療法

に集中して取材していたことも、ドイツ国内の一つの傾向を物語ることと思われる。


## 音楽療法の現状

　音楽療法は芸術療法の中でもつとに関心の高いジャンルであり、幅広い領域において普及・実践が図られている。

　アンケート調査にもとづき、「わが国の音楽療法の実態に関する研究」(1999)が村井・阪上・門間らによりまとめられた。

　それによると、対象者は障害者（児）、高齢者が多く、成人に音楽療法を受けている者が少ないという印象である。参考までに細目をみると、障害者（児）1613名のうち、知的障害（33.8%）、自閉症（24.9%）、重複障害（15.3%）、肢体不自由（10.4%）、重症心身障害（8.2%）、盲（1.6%）、聾（1.2%）、病弱（0.9%）、その他である。成人では355名のうち、統合失調症（35.9%）、躁うつ病（16.1%）、身体疾患（8.7%）、神経症（8.5%）、心身症（6.3%）、摂食障害（4.3%）、嗜癖（4.3%）、その他である。高齢者1226名のうち、認知症（44.6%）、脳血管障害（26.3%）、脳神経疾患（13.0%）、その他となっている。

　これは村井らの想定では、わが国の医療現場の閉鎖性や（改善されつつあるが）、音楽療法がいまだに保険点数化されていないことによる影響などと考えられている。アメリカなどにおいてもこの傾向にさほどの違いはないようである。しかし、分類の仕方が多少異なるので、対比の仕方としては同じようにはできない。

　アメリカ音楽療法協会（American Music Therapy Association）の会員の音楽療法の実践者が対象としているクライエントの数は、多い順から、高齢者、アルツハイマー型認知症、発達遅滞児、精神障害成人となっている。

　ここで、わが国の音楽療法を顧みるとき、英米独仏の先進各国を追うようにして、実践においてかなりの発展の途上、あるいはまさに充実の時にあると想定されるが、今日的課題として芸術療法士、音楽療法士の養成・教育のシステムの構築や、制度化・資格化などの確立を含めて、これからの段階をも多く残している。

12

## 音楽療法の特徴

　音楽療法と心理学とは密接不可分のものがあることは当然であろう。治療手技として臨床の場でかかわるには、芸術療法全般がそうであるように、既存の心理療法の各学派の視点に添って音楽活動を活かしているといえよう。

　たとえばドイツ語圏においてまとめられたハンドブック（『音楽療法事典』）では、心理療法的音楽療法の諸方法として、言語的心理療法を指向したものに、「精神分析的」「ゲシュタルト療法的」「クライエント中心」、さらに「行動療法的」「認知的」音楽療法などを挙げている。阪上がドイツ語圏を中心にして、「音楽療法の現況と展望」と題してまとめているが、なかでも代表的研究者の動向や音楽療法の意義に関する総合的な論考は貴重である。

　また、音楽を指向したものに「音楽指向的音楽療法」、心的プロセスと音楽プロセスの類同性を指向したものに「形態学的音楽療法」、さらに「アナロジー的音楽療法」などを紹介している。

　個人分析的音楽療法を例にとってみると、無意識、象徴的意義、防衛、退行、転移、逆転移などの諸概念が取り扱われる。治療者はクライエントの内的生活を探りだし、解放に努める。音楽的状況を退行や転移といった概念を援用し、治療者自身の音楽行為によって、状況を導こうと試みるのである。

　クニル（Paolo Knill）の提唱（1987、1990）する音楽指向的心理療法では、音楽学の用語は心理療法の用語と似ているため、心理療法は音楽に基礎づけられるべきだと考えられる。心理療法のように、音楽は「聴くこと」、「知覚すること」、そして「開かれてあること」と関係しているという。また音楽聴取は、心理療法的活動と同じく、「雰囲気」「不調和」「動機」を指向しているという。

## 各国の音楽療法の概念

　音楽療法の展望として、わが国をはじめ代表的な2、3ヵ国の見解を紹介するにとどめたい。わが国では、1995年に発足した臨床音楽療法協会による音楽療法の定義は「音楽のもつ生理的、心理的、社会的働きを、心身の障害の回復、機能の維持改善、生活の質の向上にむけて、意図的、計画的に活用して行われる治療技法」である。この臨床音楽療法協会と日本バイオミュージック学会は合併して、全日本音楽療法連盟（全音連）を結成した（現・日本音楽療法学会）。

芸術療法総論　13

その連盟による音楽療法に関する定義は「身体ばかりでなく、心理的にも、社会的にもより良い状態（well-being）の回復、維持、改善などの目的のために、治療者が音楽を意図的に使用すること」とされている。

アメリカ合衆国の定義は、[旧] 全米音楽療法協会により「音楽療法は音楽を次の目標に向けて応用する。精神的および身体的な健康の回復、維持、そして改善である」とし、ブルシア（Kenneth E. Bruscia）による定義としては「音楽療法は組織的な介入プロセスであり、その経過の中でセラピストがクライエントの健康を援助する。ここでは音楽的な体験とそこで生まれる人間関係が、力動的な変容要素として利用される」。

イギリスにおける公的な音楽療法の定義は、「人間は生来、音楽を楽しみ、音楽に反応する能力が与えられている。この能力が、障害や怪我や病気があっても失われるものではないし、音楽的な訓練や学習の程度によって左右されるものでもないということは、一般的には周知の事実である。言語的コミュニケーションによる自己実現がうまくできない人にとっては音楽は安全で保護された環境を意味し、孤立から生まれた感情が充分に発散されるようになる」（Wigram, Rogers, Odell-Miller）。

フランスにおいては、「音楽療法ならびに精神音楽技法（techniques psychomusicales）」は、精神保健、心身症、予防医学ならびに麻酔など、いろいろな領域で応用される。オネガー（Marc Honegger）によれば、安心、平静、緊張緩和、対話、交流の雰囲気を作ること、能動的エネルギー、建設的感情、独創力と知性を呼び起こし、目覚めさせること、また3種の指導的路線、すなわち精神生活、人間関係の生活（社会的活動分野）、私的生活（性行動）に応じて人格を再編すること、という。

そしてさらに、音楽療法研究の手引書として、英語圏のものとしては *Music Therapy Research* と *The Oxford Handbook of Music Therapy* が挙げられる。音楽療法士教育は、「音楽の知識と技術」「医学・心理学に関する知識と技術」「音楽療法の知識と技術」を柱としてなされている。

このように日本をはじめ主要な国々の音楽療法の展望をまとめることができる。音楽療法は社会から広く認知され、医療における実践の上においても効果と意義が認められ、近年とくに大きな発展を遂げてきたといえる。

## おわりに

　以上、芸術療法の多彩な治療的プログラムの中から、わずかに絵画、詩歌（俳句・連句）、音楽をとりあげるにとどめた。

　今後、各芸術療法はそれぞれ独自の発達の中にその特徴を活かし、治療の理論と実践を深め、治療者としての自己研鑽を積むことが求められよう。それによってこそ、精神療法・心理療法としての芸術療法の有益性が欠くべからざるものとして認められ、治療構造の中に固有の存在意義を維持することが可能となろう。絵画療法や音楽療法では、イメージを通じた基幹の治療的主要なかかわりに加えて、言語性イメージを象徴的意義として含みつつ、さらにそれを越えた自由な表現イメージに統合することを図ることで治療的終結を得る。心理劇では、言語に加えて、それ以上に態度や行動に関する非言語的な要素が重要な役割を果たす。ダンス・ムーブメント療法では、身体性がことに重視され、その動きの微妙な部分までも治療的イメージとして受容することで治療的関与を図る。陶芸療法などでは、土を素材とした触れ合いに寄りながら、ものを作る過程を一連の統合的な身体活動として捉え、手の重要な動き、さらに感覚・感情を統合した働きとして捉えることによって価値を見いだす。近時さらに園芸療法なる領域にも関心が向けられている。

　精神療法・心理療法の本質的なかかわりは治療者とクライエントが媒体物（道具）を交えずに主として言語のみに依っていた。しかし現在においては、精神療法・心理療法に言語以外の重要な要素として、イメージ表現・行動・感覚・感情表現などを媒体として利用する芸術療法が単独にあるいは併用されることが関心を呼んでいる。今後芸術療法がかかわる範囲は広く精神科の臨床現場、スクールカウンセリング、高齢者、ターミナルケアなどに広がると思われる。そうしたグローバルな視野に立って、芸術療法のもつ多様性と専門性を、統合性と普遍性を積極的に向き合わせることにより生まれる熱意が、いっそうの発展をもたらすであろう。

〔参考文献〕
浅野欣也『癒しの連句会』198頁、日本評論社、2000年

浅野欣也「詩歌療法」『臨床精神医学講座15巻』320-333頁、中山書店、1999年

安藤治「詩のもつ治癒力とその治療的起源」『俳句・連句療法』114-127頁、創元社、1990年

ハンス＝ヘルムート・デッカー＝フォイクト他編著（阪上正巳他訳）『音楽療法事典』581頁、人間と歴史社、1999年

Edwards, J. (ed.): *The Oxford Handbook of Music Therapy*. Oxford University Press, 2016.

星野恵則「俳句療法の実際」『芸術療法2　実践編』112-123頁、岩崎学術出版社、1998年

細木照敏、中井久夫、大森淑子「多面的ＨＴＰ法の試み」『芸術療法誌』3巻、61-73頁、1971年

飯森眞喜雄「詩歌療法の理論と展開」『芸術療法2　実践編』106-111頁、岩崎学術出版社、1998年

飯森眞喜雄『ホモ・ロクェンスの病―言葉の処方と精神医学』301頁、日本評論社、2014年

伊集院清一「描画法を用いた臨床についての展望」『現代のエスプリ』390号、35-46頁、2000年

伊集院清一『風景構成法―「枠組」のなかの心象』、200頁、金剛出版、2013年

伊集院清一『空間と表象の精神病理』236頁、岩崎学術出版社、2017年

ジャック・ジョスト（永田丕訳）『フランス音楽療法』216頁、リブロポート、1994年

丸野広、徳田良仁、徳田秀子「破瓜病的心像世界へのイメージ絵画精神療法的接近」『芸術療法誌』6巻、23-50頁、1975年

村井靖児、阪上正巳、門間陽子他「わが国の音楽療法の実態に関する研究」『厚生科学研究費補助金障害保健福祉総合研究事業平成10年度研究報告書』1998年

Müller-Thalheim, W.: *Kunst Therapie nach Art der Haiku*. Japanese Bulletin of Arts Therapy, Vol31, No1, pp59-62, 2000.

中西昭憲、徳田良仁、丸野広、徳田秀子「イメージ表出による精神療法的過程について」『芸術療法誌』7巻、1976年

Navratil, L.: *Schizophrene Dichter. Geist und Psyche*. p356, Fischer, 1994.

Rubin, J. A.: *Approaches to Art Therapy*. p337, Brunner/Mazel, 1987.

阪上正巳「音楽療法の現況と展望―ドイツ語圏を中心にして(2)」『臨床精神医学』24巻、8頁、1994年

阪上正巳「音楽療法の現況と展望―ドイツ語圏を中心にして(4)」『臨床精神医学』24巻、10頁、1994年

阪上正巳他「音楽療法の今日的課題」『日本芸術療法学会誌』49巻1号、7-43頁、2018年

高江洲義英「芸術療法の現在―精神のエコロジーとしての視点」『心と社会』99巻、52-57頁、2000年

徳田良仁「絵画療法（イメージ絵画精神療法）の立場から」『サイコセラピー』147-178頁、文光堂、1997年

徳田良仁、飯森眞喜雄、浅野欣也『俳句・連句療法』395頁、創元社、1990年

徳田良仁「イメージ絵画精神療法」『アートセラピー』56-57頁、日本文化科学社、1995年

徳田良仁「絵画療法の各種技法の理論と展開」『芸術療法1　理論編』175-183頁、岩崎学術出版社、1998年

渡辺勝「イタリア詩人を『解放』する俳句」『朝日新聞』文化欄、1995年9月1日付

Wheeler, B. (ed.): *Music Therapy Research, Third edition.* Barcelona Publishers, 2016.

山中康裕『心理臨床と表現療法』254頁、金剛出版、1999年

山中康裕、入江茂、杉浦京子、森谷寛之『コラージュ療法入門』205頁、創元社、1993年

[PART・1] 芸術療法とは

# 2 芸術療法の有益性と要注意点
——Merits and hazards inherent in "art therapies"

中井久夫

## はじめに

　新しい技法の開発によってその適用範囲を拡大した"芸術療法"は、また技法間の相互関連をも明らかにする必要がある。さらには、その適応範囲をできるだけ正確に画定することが要請されてくる。私は私なりにここ7、8年間これらの諸方向にむかって努力を試みてきたが[1,2,3,4]、このあたりで一対一の精神療法場面におけるコミュニケーションの媒体としての"芸術療法"の導入の有益性と要注意点を臨床経験を踏まえて眺めてみたい。ここで私は個人的精神療法の場に限り、また、分裂病をはじめとする重症患者、例えば自己臭体験をはじめとするいわゆる「自我漏洩症候群」、境界例、青春期やせ症、重症強迫症などの重症神経症、およびアルコール中毒を中心とする嗜癖、中毒症の患者に対象を限りたい。うつ病およびてんかんに対する"芸術療法"の価値はまだ確立されていないと考えるから除外する。また、一般に神経症群においては、成人の言語による交流が中心であり、"芸術療法"は第二義的なものである、と私は思う。ここで私は[注1]、エディプス的な"領域"（エリア）が治療の問題となっている場合は成人の言語による治療で十分であるが、前エディプス的な"領域"（エリア）が治療の問題となる患者においては成人の言語による治療では決して十分でない、というバリントの指摘[5]を念頭に置いている。彼の指摘は臨床的にみて十分正当化されうると考えるからである。

芸術療法の有益性と要注意点　19

（注1）患者の挑戦に対する治療者の回避と、患者が理解する場合が少なくない。


# 1 「関与しながらの観察」

　おそらく、"芸術療法"のもつ、最も理解されやすい有益性は、それが「関与しながらの観察[6]」を最も近づきやすい形にすることであろう。サリヴァンのこの有名な提唱は今日精神医学の共通財産となったかの観があるけれども、いうはやすく、行うは難い。治療者はしばしば患者との応接で文字どおり手いっぱいになる。言動を記憶にとどめもしなければならないし、にわかに起こる「行動化」に対処するだけの余裕も手もとにとどめておかねばならない。その一方でしばしば多義的であったり断片的であったりする患者の言葉をいとぐちにして治療者も一種の自由連想を行いながら、また他方で患者とのコミュニケーションにおける「話の継ぎ穂」を見失わないでいつづける必要がある。

　こういう治療場面の「切迫性」は、患者と治療者の間に1枚の画用紙、1片の粘土が介在すれば大いに和らげられうる。沈黙はそれほど気づまりなものでなくなりうる。患者の筆先、指先のうごきを追体験しながら——模写しつつ眺めると一見些細な細部の重要な意味がしばしば明らかになるものである——その間に交わす会話はより余裕のあるものとなりうる。時折洩らす断片的な言葉にしても、いま患者がどのような筆づかい指さばきで何を仕上げつつあるかが目で追えるわけであるから、その含蓄をつかむことは一般にやさしくなる。

　実際、患者の筆の動きの停滞、ある部分への彩色のためらい、粘土のある部分を仕上げることの困難は実に多くのものをわれわれに教えてくれるものである。例えば、粘土でクジラを作ろうとしてその歯にこだわり、いく度も精密な歯型をつくってはめこもうとしてはそのつど失敗する場合、最後まで人に彩色をほどこそうとしない場合、など。

　それだけでなく、われわれが、例えば「なぐり描き法」の時、いつの間にか自分なら何の形を捉えるだろうと考えたり、あるいは患者の答えをきいて「ああ、あの線を使っているのだな」と考えたりしていて、このわれわれの予想と実際に出現するものとの違いに一種の新鮮な衝撃をうける。あるいはこの描線はこう伸びるぞとか、この部分はこう彩色されるだろうかと考えたり、例えば

「風景構成法」において川をこう流したらいったい山はどんな山、どんな形になるだろうと考えながら眺める。患者についての新しい洞察が生まれるのはこういう時である。それは当ることもあるが、一見和やかな風景が彩色段階で荒涼たる世界であることを知らされたり、意外に狭い世界であることをさとったりもする。

　これらは「関与しながらの観察」の、そういってよければ最も初歩的で単純な形、しかし最も確かな場合ではないだろうか。絵画や粘土などには正否はなく、"了解可能性"の限界もなく、またわれわれの立場からすれば巧拙もない。一般にわれわれは患者のいとなみに関与しつつ「治療の流れ」の導きの糸を見失わないようにしておればよい。以前の論文[2]でも述べたことであるがアルコール中毒者の場合、言葉は紙のごとく薄くて言葉のふつうもつ重みを欠いている感じがあるが、芸術療法において彼らがいつわりやごまかし、あるいはいい古された誓いの言葉を繰り返しつつみじめな思いをしたりする必要がなく、また何を作ってもおとしめられる心配のないことを体験することは実に貴重である。彼らははじめ言葉できりぬけられないこの種の治療場面を一種の拘束、あるいは治療者の「意地悪」ととることはあるにしても、それはやがて消え去る。そして彼らの作品、その注釈はしばしば「自嘲的諧謔」（Galgenhumor —絞首台上のユーモア）に満ちたものであるけれども、それはそれでよいのであって、アルコール中毒者の治療はガルゲンフモールの受けとめ方が１つのカギであり、ガルゲンフモールがブラック・ユーモアとかわり、さらにそれほどブラックでなくなることはこの種の患者の精神療法におけるかなり確実な指標である。

　「治療者側の自由連想」もいわば空（くう）をさぐるようなものでなくなり、作品がその核となる。「話の継ぎ穂」も完成されつつある作品、完成された作品を媒体とするとずっととりやすくなる。

## 2　行動化、転移、解釈

　患者の行動化もまたこのような媒介物の存在によって和らげられたものになり、治療場面の枠内、作品制作の枠内で、しばしば象徴的に行われ、それで済む場合が少なくない。自己臭患者が寛解過程の一時期において示す行動化の唐

突性と激烈性は実に顕著であって、筆者には "芸術療法" 的補助手段がなければ到底切りぬけられなかったであろうと顧みて今も思う例が二、三に止まらない。逆に自己の攻撃性を恐怖しつつ表現できない破瓜型の患者が、「サメ」という粘土制作を文字どおり汗みずくで感情をこめて行い、それをきっかけに、より現実吟味力の高い怒りや不満の表出が可能になった場合もある[12]。

最悪の場合も、極端な行動化の予知に役立つ。あるいは治療者に、制止してもらいたいという半ば意識しない意向を含めて予めサインを送るのかもしれない。十字路で交通事故を起こしている箱庭を前にしてたずねたところ、「よっぽど妹を殺してやろうかと実は思っていたのです」という答えが返ってきたことがあった。昨晩、彼の病気について手ひどくはずかしめられたというのである。似た例は枚挙にいとまがない。

転移も、行動化という一面をもつ事態だが、転移の表現もまたよりおだやかなものとなることは、ナウムブルグ[7]も指摘していたとおりである。

解釈もまたよりめだたず自然な形となるだろう。ほとんど言語による解釈のいらない場合が多いとナウムブルグ[7]もいっているが、作品が完成された時、それを前にして患者の中に解釈がおのずとできあがることが多い。例えば退院要求を繰り返している患者が羽の生えそろわない鳥を描く時、それはおそらく退院はまだ尚早だという内実を物語っていると同時に、そのようなままで飛翔を試みてきた患者の反復強迫をも示しているのだろう。患者は「この鳥はどうもまだ羽をあたためていたほうがよさそうですね」という。治療者の方が「この鳥はそんなカオをしているね」と答えればおそらく十分すぎるくらいであろう。一般に要請されれば解釈をしなければという一種の回答強迫は多くの医師がもつものであり、これは実は患者の問題であるよりも治療者の「威信」の保持という、非治療的な問題であって、実状はサリヴァンもいうように「解釈は供給が需要をはるかに上廻っている[6]」が、"芸術療法" においては、解釈の時期の到来はおのずと作品の中に予告されるものである。解釈はその有効性の9割以上が時機（タイミング）の問題である。また、正しい解釈ならば、さまざまな事象がひとしくその方向を指すものであって、「ベクトル」のむかう方向が1つにさだまらないでバラバラである場合は、一般に正しい解釈である見込みが乏しいと考えるのが穏当であろう。この際 "芸術療法" のさまざまな媒

体が与える多くの手がかりは、性急な解釈を防ぐだけでなく、また解釈の誤りを大幅に減少させる力がある。

## 3 「示す」ことと「語る」こと

かつてキャサリーン・ランガー[8]は言語をすぐれて論弁的なものとし、絵画をすぐれて表象的なものとして、後者は、一次元的な前者には盛り込めない複雑な関係を表現できるとした。ウィトゲンシュタインは「絵画は否定を表現することができない、いったい絵画を"否定"することができようか[9]」という意味のことを繰り返し述べている。この面での"芸術療法"の有益性はすでに述べたことであり[1,2]、繰り返さないが、因果関係の陳述を必要としないことも治療上有益な点であろう。「なぜそうなのか」ときかれるために答えに窮し、紋切型の言語表現になると同時に、自己の安全感が大幅に低下し、不安と緊張の高まる患者は少なくない。しかし患者であろうとなかろうと、われわれは「必要十分」の理由をまってはじめて行動するものであろうか。むろん動機がかくされていること自体が病理の1つであることは多いであろう。しかしまた、動機はウィトゲンシュタインの言葉をかりれば「語られるよりも示されるべき事柄[10]」であるほうが実に多い。そして"芸術療法"はまさに何かを語るのではなく「示す」ものである。

奇妙なことに"芸術療法"はただ「示す」だけでなく、「語る」ことをたすけるようだ。それはただそれをめぐっての会話がそだつという意味だけではない。それも大きいが、もっと端的な経験を私は繰り返し味わっている。それは、考えがまとまらない患者が、奇妙にも、(特に粘土の場合が多い)粘土をこねながら面接するとふしぎにまとまった話ができるようになることである。はじめから私はそういう意図で粘土をわたしたわけではなかった。しかし患者はものをつくる代りに粘土を丸めたりのばしたりしながら感情をこめた物語をまとまった言葉で語ったのである。粘土は芥川龍之介の短編「手巾」における夫人のハンカチの役割をする。

芸術療法の有益性と要注意点　23

## 4 "第3の対象"として？

　この種の第3の対象の介在は特にバリントのいう "Basic Fault"[5] の患者に必要なのではなかろうか。バリント[5]によればエディプス的な領域の対象関係は本質的に三角関係 triangularity であり、これに反してそれ以前に障害がある "Basic Fault" の患者は2人関係 two-person relationship である。この相違は口唇的、肛門的等々とは違った次元の相違であり、念のためにいえば口唇的なものが問題となるエディプス領域も当然ある。ところで2人関係には特有の不安定さというか困難がある。どちらかが強ければどちらかが弱くなり、どちらかが正しければ、どちらかが誤りである、という難点である（バリントのいう基底欠損の人は恋愛関係や夫婦関係などの2人関係をきっかけに破綻を来しやすいかもしれない）。バリントは、あまりに整合的な治療者の言動は患者を依存的な——clinging, demanding, greedy な——患者にしてしまうという。いわゆる積極的精神療法をこの種の患者に行った結果、患者につきまとわれ、たえずすがられ、はてしなく要求されて治療者が困惑している実例は決して少なくない。"芸術療法" という媒体の導入はある程度、このような2人関係に伴う危険性を防ぐ力があるのではなかろうか。それは、ある程度、2人からなる対象関係に第3の対象を導入する。作品は確かに無生物であるが、2人のどちらに属するものでもない。治療者のものでないことは明らかだが、患者だけのものでもなく、強いていえば、治療の場に属し、それに出生の根をもつものである。治療者が作品の「審査員」に堕さない限り、どちらかの強弱、当否が問題となりやすい2人関係の危険をいく分和らげ、やや変則的にしても一種の "3点性" をもつ対象関係へと治療の場を近づける。ここに安定した言語再生の根があるのではなかろうか。少なくとも治療者も患者も整合性維持の強迫より解放されて、突然起こることも多い、好ましい方向への変化に対して、開かれた態度をとることができる。したがって治療者も患者もこの第3の媒体によって、治療的余裕[11]をもつ可能性が大きくなる。治療者側の余裕の方が特に増大するのではなかろうか。

　バリントによれば、基底欠損の患者にとっては解釈よりも対象関係が重要であり、その対象関係はちょうど水が舟を支え、大地が事物を支えるような支え

方であるという(5)。われわれが忘れがちなのは、患者というものはしばしば毎週の面接のために何か話題を用意しておかないと「医者に悪い」と考えることである。先に述べた医者のもつ回答強迫に対応する患者の話題提供強迫であって、これまた一般に非治療的であり、特にバリントの理想とする「水が舟を支えるような」対象関係の成立を不可能にするものであろう。話題がなければそれでよく、治療の場で、治療者の「関与しながらの観察」下で何ごとかを仕上げて帰ることは、患者をこの不毛な強迫からまぬかれさせる力があるだろう。全く言葉を発しないにひとしい破瓜型の外来患者で、毎回そのようにして月余年余をすごし、ただ作品を贈り物のように治療者にわたして帰る人は二、三にとどまらない。おそらくその間に"自然"治癒力、サリヴァンのいう「精神の健康をめざしてすすむ人間もちまえの力」(6)がはたらいているのであろう。その涯に好ましい方向への変化がにわかにあらわれて「沈黙の原子の一つひとつが果実の成熟への機会（チャンス）である」（ヴァレリーの詩「椰子Palme」の一句）をなるほどと思うことが決して少なくない(注2)。

(注2) バリントは、進行中の分裂病者を基底欠損から除外している。しかし寛解途中、あるいは発病準備状態にある患者は算入してもよいのではないかと筆者は思う。

## 5 治療者のデカセクシス decathexis を救うこと

"芸術療法"の有益性については、さらに初歩的だが忘れがたい面がある。筆者の大部分の対象が精神病院に入院中の慢性分裂病患者であっただけに特にそう感じるのだが、それは乱暴にいってしまえば、治療者の「退屈」を救うという有益性である。治療に「退屈」するとは医者にあるまじきことという建て前は正しいだろう。しかし年余十年余にわたって同一の慢性分裂病患者に生き生きとした関心を持ちつづけることは、決して生やさしいことではない。このことは入院患者に限らなくて、筆者は「外来ホスピタリズム」という言葉がぽつぽつ生れるか、あるいはもう生れているはずだと思っている。そして治療者が「退屈」していて患者のほうが治療に生き生きとした関心をもちつづけているのは、期待できない相談であろう。しかし、ほとんど言葉を語らない慢性破

芸術療法の有益性と要注意点　25

瓜病者、それも年輩の人が、たえず新たに意味相応的な描画を示すとなると、これは「退屈」したくてもできない。一見動きのない病者がどれだけ大きな変動をみせているか、描画をまたないとわからないことが多い。電光、豪雨、快晴、好物、川の流れ、笹舟、果物、花、つくし、といった変化がいつも微笑ばかりしている患者の絵画系列よりの抜粋にみられる。このような通時的変化ばかりではない。本誌掲載の論文(「芸術療法」7巻)[12]で野村るり子の叙述するように、粘土と交わりあう時、ふだんは微妙なゆらぎを見せない病者の指がいかに多様に巧みに感情をこめて動くことであろう。これらは治療者を患者への再カセクシス recathexis にむかわせる契機となる。

　一般に媒体の数が複数であると患者はそれぞれを何かの形で使いわける。例えば粘土や色彩分割がその恒常的な面を、なぐり書きがその時々の変化する面を、というように。その最も単純な例が「枠付け、枠無し、二枚法[4]」における分化である。われわれは慢性分裂病者からも多次元的な情報を得ることができる。一方、多弁な患者の表象面の意外なまずしさを発見して、挫折の繰り返しがふしぎでないとはたと思い当ることもある。医師は一見整合的に語る患者を「買いかぶる」傾向がある。逆もまた真である。これらの得られた情報の中で、筆者のいう意味での「投影」と「構成」との両面をともにみてゆくこと、および自己身体性の回復のいかんへの手がかりが重要であることは以前の論文でふれたとおりである[2]。特に自己臭患者、青春期やせ症患者、重症強迫症者の自己身体像のあり方を知ることは重要である。おそらくそれと関連がある事態であろう、彼らの少なくない部分が粘土制作を媒体とする治療の適応である。不潔恐怖の人が粘土を避けるであろうとは、しばしば治療者の先入観にすぎない。

　このような接近法によって医者が「退屈」からまぬかれることは、実は患者のためばかりではない。慢性分裂病者に対応する存在としての「慢性精神科医状態」——その"症状"は周知と思うので省くが——に陥ることから医者を救ってくれることが最大の有益性であろう。

## 6　要注意点について二、三

　要注意点についての紙幅が乏しくなった。しかし慎重さを以てしても避けえない直接の危険性はまずないと思う。ただ急性幻覚妄想状態、不眠のつづく状態は禁忌、少なくとも実りないものである。押しつけがましさ、強制が実をむすばないのは“芸術療法”にかぎらない。治療の場は、断る自由のあることが自然に感じられている場である必要がある。少なくとも「あの先生は絵をかかなければ退院させてもらえない」などという風評が患者間の定説にならない方がよい。むろん“審査員的態度”は、せっかく得られた貴重な、２人関係における安全性を危うくする。これらはいうまでもないことであるが、他に意外によくみられるのは、“アート・セラピスト”と主治医が別人である場合に患者が制作をとおして出すメッセージの宛て先がどちらであるかが、少なくとも患者にはっきりしていない場合である。これははっきりさせておく必要がある。また、従来、例えば絵画が上手だとされている患者は、それを有力な防衛手段として用いていたのであるから、日常、絵をかく機会のない患者に比べて得るところがかえって少ないだろう。そういう場合は箱庭や粘土を用いるか、なぐり描き法を行うなどの方法がありうると思う。逆に管理上わずらわしい患者を「とにかく」（例えば）箱庭療法にゆだねることは不毛である。管理的見地からの“芸術療法”は一般にそうであって、これは作品が一般に余裕と時熟との産物であることを思い合わせればいうまでもないことだろう。といって、いわゆる「特別な患者 special patient」に“芸術療法”を行うとか、あるいは“芸術療法”を行っている患者が「特別患者」の意識をもってしまうことは好ましくない。一般に患者というアイデンティティ（自己規定）はあくまで一時的アイデンティティであるべきであり、多くの「本職・患者」を目にすることは心の痛む事態であるが、特に「特別患者」というアイデンティティ（自己規定）は一過性であってさえも、一見よくみえて実は精神の健康化を阻むアイデンティティ（自己規定）である。これは筆者が特に緘黙患者、慢性破瓜病者などに主力を置いて絵画、粘土などの治療を行いつづけている理由の１つでもある。最後に、いうまでもなく“芸術療法”はそれ自体の遂行が目的ではない。この種の自己目的性に当然病者は敏感である。

芸術療法の有益性と要注意点　27

〔謝辞〕

　本論文は大橋一恵、山中康裕、永井洋、長谷川雅雄、滝川一廣氏らをはじめとする名古屋市立大学における非言語的治療の実践と討論、東京青木病院大森淑子、野村るり子、大阪藍野病院後藤佳珠、東大精神衛生学教室細木照敏の各氏との交流に負うところが少なくないことを記して感謝します（在職先はすべて1976年当時）。


〔文献〕（初出当時のままとする）

(1) 中井久夫「精神分裂病者の精神療法における描画の使用―とくに技法の開発によって作られた知見について」『芸術療法』2巻、77-89頁、1970年

(2) 中井久夫「描画をとおしてみた精神障害者―とくに精神分裂病者における心理的空間の構造」『芸術療法』3巻、37-51頁、1971年

(3) 中井久夫「精神分裂病の寛解過程における非言語的接近法の適応決定」『芸術療法』4巻、13-25頁、1972年

(4) 中井久夫「枠づけ法覚え書」『芸術療法』5巻、15-19頁、1974年

(5) Balint, M.: *The Basic Fault: Therapeutic aspects of regression.* Tavistock, 1968.

(6) Sullivan, H. S.: *Conceptions of Modern Psychiatry.* William Alanson White Psychiatric Foundation, 1947.（中井久夫・山口隆訳『現代精神医学の概念』みすず書房、1976年）

(7) Naumburg, M.: *Dynamically Oriented Art Therapy: Its Principles and Practice.* Grune & Stratton, 1966.

(8) Langer, S. K.: *Philosophy in a New Key: A Study in the Symbolism of Reason, Rite and Art.* Mentor Books, 1942, 1952.（矢野万里他訳『シンボルの哲学』岩波書店、1960年）

(9) Wittgenstein, L.: *Notebooks 1914-1916.* Basil Blackwell, 1961.

(10) Wittgenstein, L.: *Tractatus Logico-philosophicus.* Routledge & Kegan Paul, 1961.

(11) 中井久夫「分裂病者における『焦慮』と『余裕』」精神経誌78巻、58-65頁、1976年

(12) 野村るり子「分裂病者等の治療場面における粘土造形について」『芸術療法』7巻、73-79頁、1976年

［PART・1］芸術療法とは

# 3 イメージ表現の心理学
── 芸術療法とそれを包む場

高江洲義英

## 1 出会いとしての芸術療法──イメージ表現の力学（ダイナミクス）

　今日の芸術療法は各種の技法が試みられてきており、幅広いイメージ表現の連鎖がある。絵画、音楽、文芸、心理劇、舞踏、ムーヴメント、コラージュ、箱庭、園芸など、各種の技法の試行のうえに、芸術療法の理論と実践が積み上げられてきている。その理論的構築においても力動的分析的視点や、現象学的人間学的視点、あるいは構造論、記号論的視点など、各種の広がりをみせており、今後さらに表現をめぐる仮説と解釈の検証が深化していくことであろう。

　芸術療法とは「芸術表現を媒介とした出会い（Begegnung）」の一形式である。「芸術（art, ars）」とは、各種の技芸や技法を含めて、出会いの場での人間の精神の発露であり、日常性に対する非日常、俗性に対峙する聖性、本能・願望などの心的衝動などを内在するものである。かくして、芸術は表現の場としての高まりと共に時にネガティヴな側面ももち、ことに創造性の昂揚はしばしば非現実的なもの、破壊的な側面をもたらすこともある。

　このような芸術のもつ非日常性は、文化軸の中で認知されることにより価値を付与され、日常性の中に取り込まれ、やがてその独創性は希釈されてくる。芸術が芸術であり続けるために、技法の繊細さ、巧妙さなど、より細やかな方向と、イメージの新鮮さや、独創性など、より新しい方向などが求められている。人間の存在する環界が宇宙に向かって果てしなく広がりゆくように、人間のこころの存在する深層の領域も、未知なるイメージの集積に向かって、その

イメージ表現の心理学　29

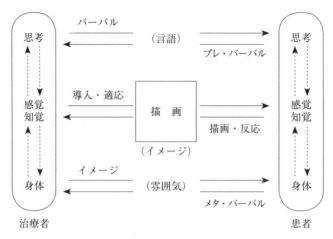

図1　絵画療法の治療図式

内界にある魂へと限りなく深まりゆくであろう。

　芸術療法の基本的特質の一つは、「非言語的交流（non-verbal communication）」ということにあろう。表現をめぐる各種の媒体は絵画や音楽をはじめとして、言葉として語られる以前のイメージを扱うことによって、前言語（プレ・バーバル）、傍言語（パラ・バーバル）、側言語（エピイ・バーバル）、準言語（メタ・バーバル）ともいえる各種の非言語特性の各方向への特質をもつことになる。人間の表現手段の統合機能としての言語活動（ランガージュ）の存在は、人間を人間たらしめる高次機能としての作用にある。その意味では、「芸術療法はすぐれて言語的なものである」（飯森）との論理も成り立つ。しかし、ソシュール（Saussure, F. de.）らの言語論を併せて考えてみれば、人間の表現の多様性は他者に向かって「語られる言葉（運用言語）」（パロール）としての言語機能を超えた存在としての出会いの様式を根底に内包している。つまり、ヒトがヒトとして互いに向きあう相互交流の場では、共通言語としての「母語としての言語（共有言語）」（ラング）による表現以前の根源的出会いがある（図1）。

　他方で「療法（therapy）」という視点からは、言語機能を超えた対人交流の相互理解の機能として、対人交流を操作する感覚としての「認知機能」（たとえば「間合い」）がある。自己と他者が向き合う場としての間合いには、(1)空間

的要素（場）、(2)時間的要素（勘）、(3)心理的要素（気）の三方向があり、出会いの様式によって微妙に変化し、調整していく。自己が自己であることを認識するために、自己は対象との交流を求め、他者の側からも同様の作用が働いていることを認識して自己を定位する。このような自己と他者の相互交流による出会いの場では、セラピーとして自己と他者が相互に関与し合う存在と力動があり、この際には、現象学的人間学的意味の付与と、心理学的力動論的認識の操作との二重の意義がある。

　療法（セラピー）という名目で、ヒトが他者の存在に関与しうる根拠は必ずしも明確ではないが、目の前に、病や症状のゆえに悩める者がいる時に、共人間的関与としての治療行為は、人間社会の中の絆として認められるであろう。芸術家の創作した芸術そのものが治療されるという事はないだろうが、こころ病める芸術家の場合は必要な治療を受ける権利を有している。

　このように、「芸術」という意義と「療法」という機能をめぐって、アートセラピーの広がりと深まりは、今日的情報化社会の中での魂の癒し、さらに、多様化する異文化間にあっての精神のエコロジーとして見直すことができる。

## 2　芸術療法における表現水準の諸段階——イメージ表現の位相（トポロジー）

　創造過程についての心理学的論説も数多い。たとえば、クライン（Klein, M.）は独自の発達理論に基づいて創造過程（creative process）を、(1)分裂性段階（schizoid stage）、(2)躁性段階（manic stage）、(3)再統合段階（re-introjective stage）に分けて考察し、創造過程においては、自己がいったんばらばらに解体され、次の段階で無意識のうちに統合が始まり、最後の段階でより高次の心的レベルで再統合されて創造がなされると解釈している。

　さらに、エーレンツヴァイク（Ehrenzweig, A.）の立場では、詩的過程（poemagogic process）という創造過程を想定して「芸術の隠された秩序（The hidden order of art）」を考察している。

　このように、芸術療法の表現水準の諸段階としては、(1)無意識の関与の水準から、(2)自我の判断機能の水準、(3)価値観や創造性の関与する水準、さらに、(4)哲学や宗教的霊的な領域の水準まで、各種の表現段階を想定することができ

イメージ表現の心理学　31

る。

　芸術療法における自己と他者の間の無意識や自我機能の水準における表現の諸段階としては、力動的視点からは以下の点を考えてみることができる。

　①出会いとしての表現の発露の場の保証（環境への認知回路）

　②他者に向けられるメッセージとしての表現準備状態（大洋的感覚）

　③無意識のイメージが、前意識へと駆動される力動感覚（詩的過程）

　④前意識の表象として自己に感覚される表現様式の認知（自己表現の分化過程）

　⑤他者に向けて発せられる表現行為としての機能作用（自己創出の過程）

　⑥他者により知覚されるであろう自己表現への認識回路（自己表現の統合過程）

　⑦他者により理解される自己像への推理と修復という過程（自己生成）

　他方で、芸術療法のもつ他者にむけてのメッセージ性という意味からは、創造性や哲学の水準における表現の方向として、自己と他者をめぐる存在論的視点から以下のように考えることもできる。

　①私はどのような私であるのかという疑問（根源的出自）

　②私がどのような私として表現するかという行為への気づき（自己認知）

　③私がどのような私として表現するかという内容の受容（自己表出）

　④私をこのような私として認知するであろう他者の存在への推理（他者仮定）

　⑤私のこのような推理を予測するであろう他者の認識への仮定（自他循環）

　⑥私のこのような仮定を予測しているであろう他者の判断への仮定（他者配慮）

　⑦私のこのような仮定を予測するであろう他者の仮定への私の疑問（自己志向）

　このような終わりなき円環思考の中に人間の精神機能は存在しており、芸術と療法をめぐる作用と意識が機能する。芸術療法をめぐる表現水準の諸段階は、このような(1)、(2)の自他の相互表現作用と、(3)、(4)の存在論的疑問とが構成しあって、各種の技法の中にそれぞれに考えてみることができる。心理療法としてのイメージ表現の位相として、自己と他者をめぐる相補的円環思考との、このような魂のミクロコスモスの地平に関与していく今日的芸術療法の方向性を、精神のエコロジーと呼んでおきたい（図2）。

　たとえば、音楽療法は、全日本音楽療法連盟（現・日本音楽療法学会）が設立されて、音楽療法士（ミュージックセラピスト）がわが国に誕生したこともあって、全国各地の精神科や心理療法、障害児や老人の施設などで急速に普及し

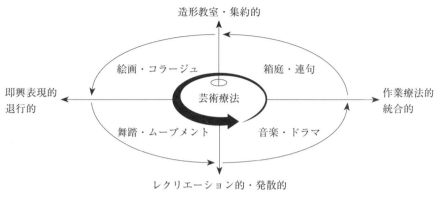

図2　芸術療法の広がり（精神のエコロジー）

つつある。ことに近年の高齢化社会としてのわが国の文化的・倫理的状況は、そのケアの一環としての音楽療法の効果と実用性を多くの人たちに認めさせてきている。その技法としても、合唱、合奏、鑑賞、作曲など、個人や集団の場で多岐にわたり、多くの新技法がそれぞれの状況に応じて試みられてきている。

「すべての芸術は音楽の状態にあこがれる」と書いたのは哲学者ショーペンハウエルであり、音楽のもつ根源的・哲学的表現機能を言い当てている。音楽の特性としてのこのようなイメージの直接的な表現伝達機能はすべての芸術療法の基盤に据えて考察することができるし、自己と他者をめぐるセラピーの状況と、それを包む場での人間学的意義と力動的相互作用をみてとることができる。

あるいは、わが国の伝統に根ざしつつも、近年になってはじめられた連句療法というのも、興味深い領域である。文芸の一領域である俳句の世界に着目し、その一座で行われた連句という技法をそのままにセラピーとして応用したものであり、わが国独自の治療技法となっている。松尾芭蕉の俳句も、そもそもは連句の発句（ほっく：第一句）として作られたものであり、五七五の発句に続いて七七の脇を付け、さらに五七五を付けというように、長句、短句を交互にくりかえしていく。連句の決まりごとの詳細は省くが、大切な概念の一つに「付け合い」というのがある。前の句の精神を理解して、相呼応するようにつぎの句を続けていく精神のことである。連句の流れを大切にして意味をついでいく

ことが多いが、時によっては、少し心理的距離をとって冷静に客観視してみたり、さらには、話題を転じて流れを変えることもある。ここでも、自己と他者の存在をめぐる共同作用があり、イメージ表現の共有に向かう場の構造がある。

　いずれにしても日本人の心性に深く根ざして、理解と共感を得やすく、治療としての効果をめざせるものである。


## 3　芸術療法の場で「表現されるもの」――イメージ表現の経済(エコノミー)

　芸術療法の場におけるヒトの表現行為の効果の程度は、それを包む場に関与する項目の集積する関数である。つまり、ヒトの出会いを包む場の中での、自己が認識し、他者に向けられる表現エネルギーの加減によって、自己と他者の共感、理解や受容、認知、あるいは批判・反目や拒絶・否認などのこころのプリズム光学が作動する。

　根源にあるものは、集合的無意識としての生のエネルギーともいえる。ユング（Jung, C. G.）のいうマンダラとしての魂の布置への視点もあるが、混沌とした無意識界のエネルギーは、やがて元型としての表現形態に象徴され、各種の表現様式として機能する。この際に、意味記号（シーニュ）の成立をめぐって、意味作用（シニフィアン）としての表現行為の妥当性が試されて、意味内容（シニフィエ）としての表現特性が検閲を受ける。前言語段階の表現内容が非言語的表現行為として顕在化した時に、創造性が発揮されたり攻撃的面が強調されたりする。

　他者の魂の水準に合わせて同質の表現水準を準備する方向（同質性の原理）や他者の水準を超えて共人間的理解をめざす異化作用の方向（異質性の原理）の二原則を考慮におくことが、芸術療法の実践の場でのセラピスト（治療者）としての前提となる。

　イメージ表現の力学として、自己と他者の間にあっての相互補完的心理操作が動き、自己と他者をめぐっての表現の意味が交響する。表現するものは何か、表現されたものは何か、表現をめぐる円環運動のエコノミー（経済）は自己同定のエネルギーと他者配慮へのエネルギーとのつり合いがとれているか、などの力学を考えるのが、治療脚本を生む。他者への予測と評価はそのままに自己

への信頼と認知でもあり、芸術であるゆえの特性が生じる場であり、それを包む諸項目の立ち現れる場の経済が支配している。

　たとえば園芸療法を考えてみよう。日本人にとっての庭園とは何であろうか。人間は何ゆえに庭を求め、庭を作り続けているのであろうか。そもそも、庭園とは、人間にとってどのような意味をもつのであろうか。

　当たり前と思っていることをあらためて問うてみることはむつかしい。当然すぎるほどの歴史の流れの中で、その答は幾重にもこだまして、いかような答も限りなく続いて出てくるであろう。日本の庭にはどのようなこころが備わっているのか。たとえば方丈庭園として有名な京都の竜安寺の石庭を考えてみよう。白砂に囲まれた静寂の趣の中に「虎の子渡し」と呼ばれる15個の庭石の配列があり、極限まで切りつめられた簡素な構成の中に、人は庭園の本質を観てとり、深い感動を覚える。無機的ともいえる石庭の裏手に回ってみると、緑の中の流水の側に「吾唯足知」と刻まれた蹲踞（手水鉢）があり、日本最古といわれている侘助椿が静かに息吹いていて、静と動の対比が見事に構成されたイメージ表現の場となっている。このような「癒しの風景」を目の前にして、ヒトは芸術や表現による癒しの成立を体験することができる。

　あるいは、銀閣と呼ばれている慈照寺の境内に踏み入ってみよう。侘の世界そのものの銀閣の建物は足利義政によるものであるが、その庭園も枯山水の銀沙灘をはじめとして、池泉回遊式庭園などに幽玄の世界を表現しており、庭園の表現イメージの中に身をおいてみると日本人の侘の世界、自然に合体していく本質への共感を実践することができる。

　他方で、鹿苑寺金閣に足を踏み入れると、池水に浮かぶまばゆいばかりの黄金の光に満ちた楼閣の輝きに、人はこの国の文化のハレの輝きと、こころの中に秘めていた光へのあこがれを呼び覚まされる。侘の世界とは対照的なこのような輝きの表現エネルギーをめぐっては、金閣炎上という事件もあったように、永遠の美へのあこがれの中には、美しきものへの嫉妬や破壊衝動をも呼びさます複雑な心理が穏されている。このような葛藤は足利義満の豪華な室町文化が後に続く安土・桃山の光と影、そして江戸文化の輝きの源泉でもあり、日本文化の繚乱の輝きを形づくりつつ、今日の社会にまで受けつがれているイメージ表現の力学を生んでいる。

イメージ表現の心理学　35

人間は美の中に理想を求め、かつ、安らぎを見出す。その美とは書画音楽を始め多くの芸術表現全般に及ぶが、四方を海に囲まれた島国に育った日本人にとっては、庭園を中心として自然に共感し、庭園に己の人生を一体化させていくという同化思想が強いといえよう。

　ひるがえって西欧の庭園ではパリ郊外のベルサイユ宮殿の幾何学的で人工的な緑の配列、ウィーンのシェーンブルン宮殿の豪華な庭園など、あくまで自然と対立し、人知によって改造していく庭園作りの西欧型知性が存在している。一方、英国風庭園にあっては、スコットランド、イングランドの島国の風土を感知しつつ程良く自然の配列を残す点で、日本の庭造りに一脈あい通ずるところもあろう。

　西欧においても、たとえば作家のヘルマン・ヘッセは、みずからの精神の動揺を「庭づくりの愉しみ」を通して癒していたことを告白している。あるいは、画家のクロード・モネも自らの抑うつ感情を癒しつつ、パリ北西にあるジベルニーの村に、水蓮の花咲く池をもつ広大な庭園を生涯にわたり作り続けていた。

　「癒しの庭（ヒーリングガーデン）」のもつ安らぎへの効果が、21世紀の今日、改めて注目されている。さらに、「癒しの風景（ヒーリングランドスケープ）」と

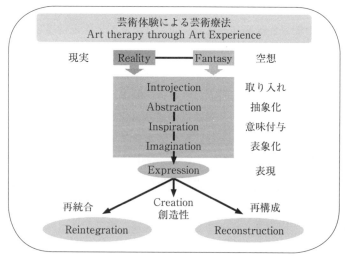

図3　創造過程の力動

いう概念も提唱されており、人間と自然が共存しつつ、エコロジーの思想との関連を深化させながら新世紀の人類のあり方が問われている。「園芸療法（ホルティカルチュラルセラピー）」という目新しい領域も、今日の多様化する社会で急速に関心を集めており、庭園のもつこのような癒しの場としての機能と効果につれて、ヒトはさらにイメージ表現とセラピーへの認識を深めていくことであろう。

このような芸術体験による芸術療法の機能を、創造過程の力動として図示しておこう（図3）。

## 4 芸術療法の効果と限界、そして環境療法
——イメージ表現の制度論的作用（システム）

芸術が内在している場の特質として、表現―技巧、日常―非日常、聖―俗、創造―破壊、自己―他者など幾重もの方向性をみてとれる。芸術は時に予測を超えた偉大な力学として作用し、時に予知しえぬ複雑な影響と反応をひきおこしてくる機能系列（システム）といえるが、今日では、さらに個人の存在を超えた集団存在としての制度論的治療作用の視点も考えられている。

かつて、19世紀末から20世紀初頭にかけてのフロイトは、診察室という密室の中で、神経症という個人の魂の構造の理解と、力学の仮説、治療としての行為をウィーンという文化の中で実践した。100年後の今は、私どもは急速に変貌する情報と多様化する文化の交叉する世界という広がりの中で、現代における魂の癒しという共同体のエコロジーをみつめて、その構造と操作を考える。

西暦2000年という節目の年に、芸術療法も新たな広がりの地平を求めて歩み出すことになろう。100年前の1900年という年はフロイトが長年の研究による『夢判断（Traumdeutung）』の著書を世に問うた時であり、無意識の発見をはじめとする精神分析の展開の時期であった。21世紀を迎えた今日、こころの科学はどのように変化しつつあるのだろうか。

フランスのラボルド病院（La Borde）でジャン・ウリ（Oury, J.）の「制度論的精神療法（la psychothérapie institutionnelle）」の概念のもとに「3つのエコロジー（les trois écologies）」をめざしていた精神分析家のフェリックス・ガタ

イメージ表現の心理学　37

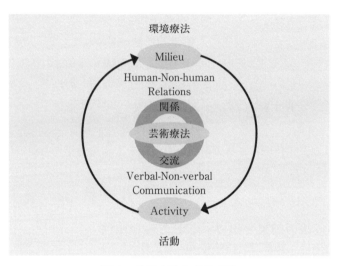

図4 芸術療法と環境療法

リ (Guattari, F.) は、フロイトが密室の中で個人精神療法として試行していたセラピーの実践を、より広い空間の下でより広い視野をもって、制度的、社会的、哲学的視点から普遍化しようと試みていた。そこでは「すべての些細な出来事 (la moindre des choses)」への着目があり、すべての人々が「リゾーム (根茎)」の作用でもって有機的に連携し、作用していく、組織体への着眼と発想があった。

　サイコセラピー (精神療法) は本質的には何らの道具を用いずに人と人とが向き合うものであるが、現実には、より広い適応と効果をめざして、多くの芸術療法の技法などが併用されることが少なくない。多くの芸術療法の技法や園芸療法の空間などがその意味で、精神療法と併用しうる大きな道具となりうる可能性をもっている。用具の少ないサイコセラピーの領域において、空間こそ最大の助けとなりうるのである。このことが、今日の環境療法 (Milieu Therapy) への道程として考えられる。

　イメージ表現による自己と他者の心的交流が成立する時、芸術療法という治療行為はその効果を諸方向に向けて発揮する。しかし、そのような相互作用に表現を包む場の補足作用が欠如する時、非言語的交流という芸術療法の特質は、

主観的、独善的、破壊的というマイナスの力学を生じて、その限界に直面することにもなる。今日の多様化社会における個と他の問題や同化作用と異化作用の葛藤、さらに個別化と普遍化の断面などが露呈する時、あらためて表現をめぐるイメージ成立の過程が立ち現れてくるであろう。

　ヒトがヒトを癒す意義が問われている今日でもなお、21世紀の人類も、神という概念を必要としているであろうか。広大な宇宙の中にあって、地球という一惑星の中の日本という一列島、さらにその一部の南西諸島という小さき場に生きる私という一点の中から、ヒトがヒトに向けて表現行為を続けていく今日的精神のエコロジーの意義を、芸術療法（アート・セラピー）という認識系（エピステーメ）として、さらなる環境療法の意義を語っておきたい（図4）。

　南島の古層に根ざした神話を語ることと、21世紀の制度論的芸術療法を展望することは、ヒトのイメージ表現の水準の諸段階として考えてみれば、いずれも同一の価値にあるといえよう。


〔参考文献〕

Jung, C. G.: *Word and image*. Princeton University Press, 1979.

Guattari, F. 他『精神の管理社会をどう超えるか？』松籟社、2000年

Ehrenzweig, A: *The hidden order of art*.（岩井寛他訳『芸術の隠された秩序』同文書院、1974年）

中井久夫「精神分裂病の寛解過程における非言語的接近法の適応決定」『芸術療法』4巻、1972年

Naumburg, M.: *Dynamically oriented art therapy*. Grune & Stratton, 1966.（中井久夫監訳、内藤あかね訳『力動指向的芸術療法』金剛出版、1995年）

高江洲義英「芸術療法」（土居健郎・笠原嘉・宮本忠雄・木村敏編）『異常心理学講座9 治療学』みすず書房、1989年

高江洲義英「芸術空間としての病院―治療複合体の力学」『イマーゴ』2巻3号、1991年

高江洲義英「芸術療法とそれをつつむ場」『日本芸術療法学会誌』27巻、1996年

高江洲義英「芸術療法」（第92回日本精神神経学会セミナー10）『精神神経学雑誌』98巻、10号、1996年

高江洲義英「園芸療法覚書―園芸療法の理解と実践のために」園芸療法研修会：園芸療法実践者の会、1997年

高江洲義英「集団精神療法と芸術療法」（徳田良仁他監修）『芸術療法1　理論編』岩崎学術出版社、1998年

イメージ表現の心理学　39

Oury, J.: *Onze heures du soir à la Borde*. Galilée, 1980.

Yalom, I. D.: *The theory and practice of group psychotherapy* (3rd. Edition). Basic Books, 1985.

浅野房世、高江洲義英『生きられる癒しの風景―園芸療法からミリューセラピーへ』人文書院、2008年

山中康裕『表現療法』ミネルヴァ書房、2003年

Klein, J. P.: *L'art thérapie*. Presses Universitaires de France, 1997.（阿部惠一郎、高江洲義英訳『芸術療法入門』白水社、2004年）

[PART・1] 芸術療法とは

# 4 芸術療法の適応と注意点

飯森眞喜雄

## はじめに

　本書の「まえがき」でも述べたように、芸術療法は何ら特殊なものではなく、誰しもがやってきたことを治療に生かす技法であるから、実施に際してはそれだけにかえって注意や配慮が必要となる。簡単にできるからといって安易に行うのではなく、その作用と副作用を知ってから導入することが肝要である。

　やり方によっては気晴らしやレクリエーション、リハビリテーションや作業療法の一環にもなるし、自己治癒へと向かう自己表現の手段や深い交流の媒体にもなるからである。しかも適応を誤ると、自我の解体につながり病態を増悪させてしまう。

　芸術療法は危険性も含め幅広さと奥深さとをもっており、しかも個人・集団のどちらでも行うことができる。ここでは、まず芸術療法一般の意義と目的について、ついで適応の基準と注意点について述べ、最後に芸術療法における言語の役割についてふれてみたい。

## I　芸術療法の意義と目的

　芸術療法は「表現すること」と「表現されたもの」とから成り立ち、その治療的意義は次の3つに大別される。

(1) 表現することそれ自体が包含している意義

　描画や詩作、箱庭、舞踏といった、非日常的な形式や行為をとって自己表現すること、あるいは“芸術的”創造性には、自己治癒的な働きが包含されている。それらは多かれ少なかれ退行を促し普段の防衛機制を緩めさせるが、そのことが精神内界の自由な表現を可能にして治癒的に作用するのである。

　気晴らしや発散、レクリエーションとしての役割からはじまり、抑圧されていた情動の解放によるカタルシスはそのもっとも基本的な作用である。また、ある形をとって自己を表現するということは、喜びや慰撫、鎮静、鼓舞などの作用を引き起こす。しかもこうした情動面への働きかけをもった身体や脳を使っての表現活動は、残存している能力や枯れていた身体性と感情の蘇りを賦活するというリハビリテーションとしての機能ももっている。

　このようなシンプルな作用にとどまらず、さまざまな心理的機制が生じうる。たとえば、描いたり詩を作っているうちに、いままで意識したことのなかった自己の姿や問題点に気づいて洞察が得られたり、また意識の幅が拡大して問題や葛藤の溶解あるいは変容が起こって自己の再統合が生じる——しこりとなっていた問題や葛藤はたとえ解決されなくても、表現しているうちにそれらがもはやどうでもよくなってしまうのである。

　ただし、こうした内的な自己治癒の機制は、「見守る人」や「聴き入る人」あるいは「ともに感じ入る人」としての治療者が、表現している人の傍らにそっといるという保護的雰囲気とそれが醸し出す交流とがあってはじめて十全に動き出す。


(2) 表現されたものを通して患者と治療者とが交流することの生み出す意義

　作品には言語的には浮かび上がってこないイメージや無意識的動きが「一目瞭然に」表現されたり、言葉のやりとりでは気づかなかった内界や状況が象徴的に投影されて姿を現すことがある。これらは直截的に伝わり、患者理解と受容を深め、さらには病態をより正確に把握するのに役立つ。

　とくに統合失調症やうつ病の患者の描画では臨床症状では捉えられない病態が明らかになることがあり、間接的に治療に役立つ（臨床的には現実的になったり軽快したように見えても、奇妙な作品や暗く沈んだ絵を描く、あるいはこの逆の

場合など）。

　こうしたうえに、作品を媒体にした豊かな連想による深い交流によって、あるいは作品に投影された無意識内容の分析や解釈を経て、洞察の獲得や自己の再統合が進んでいく。「作品」という媒体を通した解釈では、患者の抵抗はそうでない場合よりも減弱される。また、統合失調症者との作品を通したやりとりは、彼らが現実世界に向かって歩むのに不可欠な共人間的交流を育む。

　なお近年、芸術療法は多彩な広がりをみせており、ターミナルケアにおいてなど、死に向かいあっている人たちも対象になってきている。安らかに死に逝くには諦めと人間としての尊厳の保証とが欠かせないが、そこにもこの療法は役立つ。「諦める」とは「明らむ」こと、すなわち「心を明らかにする」ことなのであるが、それは芸術療法におけるような表現活動とそれを通した交流によってより容易に果たされることがある。その際の「見守る人」や「ともに感じ入る人」としての治療者の存在は、諦めることと尊厳を保証する役割をもっている。

### (3) 表現活動や媒体を通して集団内で生じる作用のもつ意義

　集団描画、句会、心理劇、合奏や合唱などのように集団で行う表現活動では、媒体がない場合よりもウォーミングアップがしやすく、また集団内におけるシェアリングや対人交流の活発化、力動的やりとりがより容易に起こる——力動的やりとりが直接言葉や態度によらずに媒体を通した場合、それが緩衝となってよりソフトで安全になる。また、リハビリテーションや作業療法の一環としての意義もある。

　以上、３つの意義についてまとめてみたが、実際の治療場面ではこれらがあいまって進行しさまざまな側面の効果をあげていく。したがって芸術療法の基本は、こうした表現活動を患者に促し、そしてそれを保護的に支えていくことである。その過程で「表現すること」と「表現されたもの」を通して、個々の患者に応じた効果を目指すことになる。表１にその目的を列挙しておく。

芸術療法の適応と注意点　43

## 表1　芸術療法一般の目的

①気晴らし、発散、レクリエーション
②抑圧された情動の解放、カタルシスの発生
③喜び、慰撫、鎮静、鼓舞
④自己の再統合へと向かう内的動きの促進
⑤患者理解と受容の深化
⑥精神内界や病態の理解と把握
⑦深く豊かな交流の醸成
⑧無意識内容の分析や解釈
⑨集団内でのシェアリングや対人交流の活発化
⑩リハビリテーションの一環
⑪作業療法の一環
⑫遊戯療法の一環

## 表2　芸術療法の適応の基準と注意点

(1)　対象患者の特性の把握
　①病態レベルでの把握
　　(ア)明らかな自我障害がある場合→禁忌
　　(イ)自我境界が希薄な場合
　　　　　→自由連想法的・退行促進的表現は禁忌
　　(ウ)自我障害の恐れがない場合→適応可能
　②患者・治療者レベルでの把握
(2)　治療全体を踏まえての位置づけ
(3)　目的の明確化
(4)　安易に始めたり漫然と行わない
(5)　効果的かつ適切な技法の選択
(6)　患者の好みと意志の尊重
(7)　複数の治療者やスタッフによる検討
(8)　悪化時の速やかな中止

## II 芸術療法の適応の基準と注意点

　芸術療法を行うにあたっての適応の基準と注意点とを表2にまとめてみた。これを順に述べてみたい。

### (1) 対象患者の特性（集団で行う場合には集団の特性）の把握

　この特性とは、a その患者がどういう状態にあり、b 治療上何が求められているのか、ということである。このうち、a の状態把握でもっとも重要なことは、①患者の病態レベル、および②患者・治療者関係のレベルがどこにあるのか、ということである。それによって b の求められているものも決まってくる。

### ①病態レベルでの把握

　これには、どんな疾患であっても、自我障害の有無とその程度が何よりも問題になる。自我の力とは現実認識能力——現実と非現実、現実と想像、知覚と表象、自我と他我とをそれぞれ区別する力のことである。自我障害とは、これら両者の境界（自我境界）がなくなり、両者が溶け合って混沌としてしまっている状態——何が現実で何が想像や表象かがわからなくなって、現実に体験していることと頭に浮かんできた考えやイメージとの区別がつかなくなった状態、あるいは自分のことと他人のこととの区別がつかなくなった状態のことである。

　したがって、明らかな自我障害がみられるケースは無論のこと、自我境界が希薄なケースでも、自由画や箱庭などのような自由連想法的もしくは退行促進的な表現は、現実の枠を外れてイメージの喚起や連想の広がりを無秩序に刺激するために禁忌となる。こうしたケースでは、絵を描いたり箱庭を作ったり詩を書いているうちに、現実に知覚されたこととイメージ、現実の出来事と想像上の事象とを混同して混乱状態に陥ったり、また言葉の意味がわからなくなって思考の解体を引き起こす危険性を孕んでいる。さらには、幻覚や妄想が出現することもある。

　具体的には、統合失調症を主とする精神病圏の疾患では急性増悪期は無論のこと、現実認識が歪んでいる場合、作為体験がみられたり思考障害が著しい場合、幻覚や妄想の産出が活発な状態では、その目的が何であれ禁忌である。ま

たこれらの症状がなくても、統合失調症の急性期後のまだ先行きの見えない不安定な時期や慢性期、境界例や解離性障害のような自我境界の希薄なケースでは、自由連想法的もしくは退行促進的な表現活動はやはり禁忌となる。こういったケースでは、日常生活における現実認識や対人関係のありかた、社会性や健常な側面の程度などの総合的判断によって目的と技法とを決めていく。その際、自我の脆弱性の判定には風景構成法やバウムテストの結果が有用である（描画が現実的でまとまっていれば安全度が高い）。

　自我障害が引き起こされる可能性が疑われるケースでは、絵画療法を実施するにしても、まず風景構成法のような枠組みの強い保護的で安全な方法から始める。さらにその場合、描画行為によって現実認識が混乱する危険性が多少でもあるようであれば、患者を現実に引き戻すために、現在の身体の状態や何を食べたかを尋ねるなど、現実的話題をもってセッションを締めくくる。なお、こうした危険性はその場では現れなくても、患者がその夜に眠られなくなったら、それは危険な兆候である。また、唐突に描画を断ることにも現れる——患者は描画による危険から自らを守ったのである。

　自由な表現は芸術療法の基本であるが、その一方で「自由に表現することの孕む危険性」を忘れてはならない。

　一方、いわゆる神経症圏などの非精神病圏の患者では自我境界はしっかりしているので、それによって自我障害が引き起こされないかぎり、原則としてどの技法も禁忌ではない。むしろこうしたケースでは、多かれ少なかれ退行を促し現実の枠から外れた自由な表現による精神内界の表出とイメージの広がりとが必要である。日常的な言語による紋切り型あるいは堂々巡り的な表現の流れを、非日常的で産出的・創造的なかたちの表現へとチャンネルを変えていくのである。そうした表現によってカタルシスが生じたり、新たな問題や自己の発見、再統合が進んでいく。

　もうひとつ病態で問題になるのは、抑うつ状態と疲労である。抑うつ状態やうつ病の病相期ではささいなことでも疲労しやすいので、また他の疾患でも疲労しやすい場合には、表現活動が負荷にならないかどうか配慮する。そもそも、うつ病の病相期には芸術療法に限らず精神療法的アプローチは行ってはいけないが、うつ病の患者には治療者の「熱意」に応じなくては申し訳ないと思い断

れない人も多い。

②患者・治療者レベルでの把握

先にⅠで述べたような治療的意義は、芸術療法の導入に先立つ良好な患者・治療者関係の成立があってこそ生まれてくる。「見守る人」や「聴き入る人」「ともに感じ入る人」としての治療者に保護されているという雰囲気があってはじめて、患者は自由に表現できるようになる。

なお、作品には病態レベルでの内容だけではなく、そのときの患者・治療者関係のありよう（転移状況や力動的配置）が表現されていることもあるので、その解釈は病態レベルと患者・治療者レベルの二方面から行うことを忘れてはならない。

## (2) 治療全体を踏まえての位置づけ

全治療過程が芸術療法だけで進行するということはありえないから、治療全体の流れと方向とを踏まえて導入したり中止したりする。

## (3) 目的の明確化

芸術療法の目的には先に述べたようにさまざまなレベルがあり、また実際に始めてから思わぬ展開をとることもある。したがって、目的をはっきりさせておくと同時に、柔軟な態度で臨機応変に対応し、もっと有効な動きを封じたり、逆に悪化へと歩まないように注意する。

なお、芸術療法はあくまでも治療技法であるから、芸術的評価や技術的評価は求めない。

## (4) 安易に始めたり漫然と行わない

芸術療法はしばしば治療者側の「何か治療をやっている」という自己満足から安易に始められたり、漫然と続けられたりすることがある。迷い道に入り込んだり堂々巡りばかりしていると思われたらいったん中断して、目的と方法の再検討を行う。いずれにせよ、中途半端に行うことは避ける。

芸術療法の適応と注意点　47

## (5) 効果的かつ適切な技法の選択

これには患者の特性と目的とが関係するだけではない。技法の選択は、個人・集団のどちらで行うかも含め、治療者やスタッフの技量および治療環境によっても左右される。治療環境には場所や備品の問題だけではなく、他の治療スタッフや一般職員の理解も含まれる。特別に「芸術療法なるもの」を行うといった重々しい態度ではなく、なにげなくその場の雰囲気で始まる、といった自然で柔らかな対応と環境が大切である。

## (6) 患者の好みと意志の尊重

導入に際しても、また経過中でも、患者の好みと意志を尊重し、無理強いにならないようにする。「自由に表現していいですよ」と「好きなときに止めてもいいですよ」といった許容的態度と雰囲気がいつでも漂っているように配慮する。

また、先にも述べたように、疲労にも注意する。われわれにとっては何でもない表現行為でも、患者にとっては大きな疲労になっていることがままあるからである。

ここで見逃してならないのは、誰に勧められるのでもなく自ら描画や詩作を行っているケースの場合である。こうした行為は内発的な自己治癒的動きを包含していて、その人にとってかけがえのない手立てとなっていることがあり、その際の「見守る人」「聴き入る人」「ともに感じ入る人」の存在は治癒的動きを加速させる。しかしその一方で、(1)の①で述べたような「自由に表現することの孕む危険性」にも注意を払う——すなわち、いくら患者の意志で自発的に始められたといえども、それが自我障害を引き起こす危険性があったら、無理やりになっても中止させる。それもまた治療行為である。

## (7) 複数の治療者やスタッフによる検討

随時、複数の治療者やスタッフによる検討によって目的の再確認と効果の評価を行う。一人で見ていると、つい甘くなったり、片寄りや見逃しがでるので、複数のスタッフによる検討は欠かせない。これは絵画や箱庭の解釈においても同様である。

⑻ 悪化時の速やかな中止

　表現することがかえって現実認識を歪めたり、不眠を引き起こしたり、集団内で対人関係のトラブルを招いたり、悪化促進要因となっていると判断されたら、たとえ患者が続行を希望しても、速やかに中止する。

　描画や詩作によって自我境界が破られた患者は、自発的に中断することによって自らを守れない場合、次々と浮かんでくるイメージを表現することに我を忘れたかのように没頭することがある。治療者はその奇抜な表現を表現病理学的興味からついついそのまま放置して見ていたくなる誘惑にかられることがある。しまったと思ったときは手遅れである。


# Ⅲ　芸術療法において言葉の果たす役割

　芸術療法を行ううえでの一般的注意点について述べてきたが、最後に、芸術療法における言葉の問題と、イメージと言語の問題についてふれておきたい。

　芸術療法はしばしば無反省に「非言語的」療法といわれているが、それはむろん、言葉が関係しないとか軽んじてよいとか、言葉よりも表現することや表現されたもののほうが大切だということではない。もし芸術療法において治療場面で患者と治療者双方から発せられる言葉が「言語的」精神療法よりも少ないとしたならば、芸術療法においてこそ言葉はより重みをもち深みがなくてはいけないということを忘れてはならない。これは芸術療法を行うにあたりまず心すべきことである。しかしここでは、言葉の多寡と軽重との関係をいっているのではない。

　芸術療法とは「イメージ表現の包含するさまざまな作用を治療的に生かすもの」と定義した場合、イメージが表出してくる際には言語が深くかかわっている点において、そしてその表現が患者と治療者という２人の人間の交流の場で生まれてくるかぎり、芸術療法とはすぐれて言語的なものなのである。

　精神療法とは、ちょうどわれわれが母語のようには身についていない外国語でしゃべるときのように、患者が自分の心の中の意識化されている——すでに言語化されている観念なり感情を、それに対応する言葉に当て嵌めながら表現していくということではない。それは、いまだ言語になったことのない、言語

芸術療法の適応と注意点　49

以前の透明な"あるもの"を、言葉によって形造り表出させていく——患者が治療者とともに得体の知れない透明な"あるもの"を言葉の衣で包むことによって姿形のあるものとしていく、ということなのである。この"あるもの"は透明なために、言葉の衣に包まれた姿でしか現れないのである。

しかし、詩人でもなく、また手持ちの衣服は乏しく、しかも着古した既製服しかないわれわれの患者は、どのように仕立て直しても、その"あるもの"にふさわしい衣服を縫い上げられないこともあるだろう。しかもわれわれの言語＝母語は、その"あるもの"を十全に姿あるものに表出させうるような完全無欠なものではない。そこで患者は、言語以外のものをもってそれを果たそうとする。そのひとつが、描画などによるイメージ表現なのである。言語はその"あるもの"を、言語によらないイメージとして表出させようとする——つまり、言語はイメージを求めるのである。

1枚の絵画＝イメージの表現は、こうした言語の無力さから、言語を超えて浮かび上がってきたものかもしれない。しかしそれは依然として、やりとりされた言葉によって掘り起こされ、言葉によって耕された土壌から生まれ出たものなのである。患者は自由自在に「無言のうちに」イメージを表現できる芸術家ではない。あくまでも、作品は治療者との言葉による交流のなかから生まれてきたイメージの表現なのである——つまり、イメージは言語を求めるのである。

言語とイメージとは相互に補い合うものなのであり、言語はイメージを求め、イメージは言語を求める。言葉によってイメージは芽生え、イメージによって言葉は生き生きと呼吸してくる。言葉とはイメージ表現が芽生えてくるように、干からびた地面に撒かれる水のようなものであり、またイメージの源泉を求めて地面を穿つものである。しかしそれと同時に、言葉とは豊かなイメージを干からびた平板なものに変えてしまうものでもある。こうした言語のもつ相反性を心得ておくことは、芸術療法をすすめるうえできわめて重要である。

「言語的」であれ「非言語的」であれ、精神療法場面においては、語る内容ではなく、それがどのように語られるかという語りかた——"息づかい"こそがすべてである。それによって"あるもの"は浮かび上がってくるかもしれない。また芸術療法場面においては、その"息"によって干からびた地面が潤い、

やがて固い土の中からイメージの泉が溢れ出てくるかもしれない。患者の作品や言葉は無言の硬い沈黙のうちに、あるいは意味を正確に伝えるだけの無機的な音声から生じてきたのではない。治療者の発する"息づかい"が運んできたひびきやしらべ、そしてそれらが醸し出したしじま——柔らかな沈黙のなかから生まれてきたはずである（サリヴァンは精神療法場面における言葉とは verbalなものではなく vocal なものであるといっているが、vocal なものとは"息づかい"によって生じるものであろう）。

　こうした言葉によって、イメージはジワジワと地面に滲み出るか、どこかで一気に溢れ出るかもしれない。しかし、イメージの表出は無秩序な流出ではいけない。定まった流れに沿ったものでなければ、患者はイメージのもつ力にただ途方もなく押し流され、混乱するばかりであろう（とくに統合失調症のように自我障害のある場合には収拾のつかないものになる恐れがある）。そこで、イメージの表出にあたっては、ある形式や枠を用意しておく必要がある。水があちこちから滲み出つづけて沼地と化してしまったり、一気に吹き出した場合には、こんどは泉の出口を塞ぐか、乾いた土を撒くことによって地面を再び固まらせ、歩けるものにしなくてはいけない。それを行うのも、また言葉の役目なのである。イメージの表出にあたって治療者の存在が必要となるのは、治療者の発する言葉がイメージの湧き出でる地面を柔らかくも固くもするからである。

　無秩序にあちこちから途切れなくつづく滲出も一気の噴出もなく、イメージの泉から湧き出した一筋の流れがまわりの乾いた土地を潤しながら静かに流れていくとき、言葉は泉のありかを教えているかのようにその泉のまわりを舞う蝶のようなものであろう。そして、泉の水がもはや不要になったとき、この蝶は日常という畑へと帰っていく。芸術療法における言葉とはこうしたものであろう。

　イメージ表現を介した治療とは、得体の知れないものが横たわるイメージの海にいる患者と言語の陸地にいる治療者とが浜辺で交流しながら、いつしか患者を陸地にあげていくようなものである。われわれも患者も、たまに海に来ることがあっても、陸地でしか住めない生き物なのである。治療者が陸地深くに身をおけば、海にいる患者に近づけない。かといって海に深入りしすぎれば、患者ともども溺れてしまうだろう。陸でもなく、かといって海でもない浜辺で

芸術療法の適応と注意点　51

の交流が、まさに芸術療法の姿なのであろう。

　このように、芸術療法はイメージの表現によって成り立つが、そこに言語が深くかかわるという点においてすぐれて言語的＝母語的なものであり、芸術療法とは母語としての言語を最大限に生かそうとする療法なのである。したがって、表現媒体が何であれ、芸術療法家はこの母語をしゃべるための"良き肉声"をもつことが何よりも求められる。


〔参考文献〕

飯森眞喜雄、浅野欣也編、徳田良仁監修『俳句・連句療法』創元社、1990年

飯森眞喜雄「芸術療法における言葉」（徳田・大森・飯森・中井・山中監修）『芸術療法1　理論編』67-78頁、岩崎学術出版社、1998年

高江洲義英、守屋英子「芸術療法の諸技法とその適応」『精神科治療学』10巻、631-637頁、1995年

徳田良仁「絵画療法」『臨床精神医学：今日の精神科治療』（1995年8月増刊号）148-150頁、1995年

中井久夫「芸術療法の有益性と要注意点」（徳田・大森・飯森・中井・山中監修）『芸術療法1　理論編』28-38頁、岩崎学術出版社、1998年（本書所収）

村井靖児「精神療法としての音楽療法」『臨床精神医学』20巻、1119-1125頁、1991年

山中康裕「箱庭療法の適応と禁忌」『精神科治療学』10巻、627-630頁、1995年

［PART・1］芸術療法とは

# 5 絵画療法と表現病理
## ──知っておくべき表現病理学的ことがら

中村研之

## はじめに

　近年のヒトゲノム計画はコンピュータの発達により急速な展開をみせ、2003年には人間の全ＤＮＡの塩基配列が解明された（完全版の公開）。そして現在、がんゲノム医療をはじめとして実際に臨床応用されるに至っている。一昔前には信じられないようなできごとである。科学のこうした要素主義、分析主義的傾向は、かつての形態主義、分類主義といった領域を凌駕し、まさに全盛時代と言ってよいだろう。おそらくこうした傾向は、人間の知の全般にわたって浸透しているのであって、大規模なパラダイムシフトを予感させる。

　こと、絵画や芸術に関してはどうであろう。人間の表現活動、創造行為といった領域は、少なくともＤＮＡからはもっとも遠いところにあるようにみえる。むしろ絵画作品に関して言えば、ＤＮＡの塩基配列で説明されないことにある意味安堵を覚える。本稿では可能な限り、分析的感覚を捨てて、絵画を見るところからはじめてみたい。

## 「木を見て森を見ず」ではいけない

　実は、絵画療法や表現病理学といった分野にも現代科学の影響は確実に及んでいる。当然といえば当然の話だが、ここでは少し形を変えている。最近の科学的研究あるいは論文と言われるものは、きちんと統計処理が施され、見かけ

絵画療法と表現病理　53

上、科学的コンテキストで語られていないと論文としてはなかなか認めてもらえない。結論を先取りして言えば、絵画療法や表現病理に関する研究は、必ずしもこうした科学的視点に依拠する必要はないと思われるのだ。誤解をまねかないように断っておくが、私は現代科学を否定しているのではない。また絵画の研究にも、統計処理や分析を必要とする基礎的分野が存在することは重々承知している。

　先日学会でこんな経験をした。患者に鉛筆で画用紙に星を描かせるテストがあり、判定者は、描かれた星の位置や描かれ方を見て、患者の心理を分析する。長方形の画面に描かれた各アイテムの位置や方向は、グリュンヴァルトの空間図式などによって解釈することが多いが、この日の発表者も星の位置や密集度などを詳細に検討していた。ところが、昔、天体好きであった私の目には、ケースとして呈示された星の描画が「オリオン座」にしか見えなかった。三つ星とそれを取り囲む四角形。冬の夜空で見慣れたあの星座である。都市部においても、風の強い晴れた日には鮮明に輝いて見え、寒さに堪えながら眺めた経験を誰しも一度はしているだろう。

　私の見立てと発表者の解釈のどちらが正しいか、という問題ではない。たとえ描かれた星がオリオン座でなくとも、天空に占める位置や方向が重要であることには変わりない。しかし私はこのとき、描画を点とか線に分解して解釈することの虚しさを感じざるを得なかった。

　また、こんな描画もあった。広場に大きな樹木があり（幹の周囲は子ども数人が手をつないでやっと届くほどの）、一人の少女がその木の根元にたたずんでいる。私はまたしても、「あっ、これはケヤキだ」と、こころのなかで叫んでいた。樹皮のまだら模様、天に向かってスッと伸びた枝ぶりはどう見てもケヤキである。少女は子どもの頃、近くの神社の境内か公園のケヤキの木陰で遊んだ経験があるのだろうか。ケヤキは夏には青々と葉を茂らせ、秋になると黄葉し、冬にはまるで竹箒を逆さにしたように枝だけとなって、地上に木漏れ日をもたらす。関東に住んでいれば決して珍しくない風景である。

　この描画にしても、実際のところケヤキの木なのか、違うのか、あるいはまったく架空の木なのか後からでは確かめるすべはない。もし絵の作者が私の患者であれば質問できたのであろうが。ただ、木を見て、大きな木であるとか、

太い木であるとか、樹冠が丸だの三角だのといった説明だけでは、樹木の重要な側面を見落としてしまう。とくに特定の樹木が意図されて描かれた場合にはなおさらである。

　テスト描画としての精度を上げるためには、むしろオリオン座とかケヤキといった特定の事象が入り込まないほうが便利である。木を描かせるバウムテストにしても、最初から不必要な多様性を求める教示を与えないのはそれゆえである。ところが、これが自由画や患者がみずから表現した描画となると、話は違ってくる。むしろ、描画を点とか線に分解しただけでは、解釈は早晩、限界に突き当たる。

　表現病理学においては分析的視点のみならず、総合的な視点が必要である。木は１本ではない。雑木林であればクヌギやコナラが生えている。樹液にオオムラサキというチョウが吸蜜に飛んで来るようならば、必ずどこかにエノキも生えているはずである。なぜならばエノキはオオムラサキの幼虫の食樹であるから。森に生態系が存在するように、表現病理にも単なる要素の集合を越えた領域がある。その領域は、自然とか、環境、文化、習慣、神話等々、さまざまな名前で呼ばれる。最近の分析的視点のみが優勢になりすぎると、表現病理における大事な視点を見落とすことになりかねない。

　患者が花を描いたとする。そこで治療者は、「何という花？」「どこに咲いていたの？」「季節は？」等々、絵をめぐるやりとりがされるであろう。その結果、正しく描かれた花でも季節はずれなのがわかることもある。そのようにして表現の病理はみえてくるのだ。決して「木を見て森を見ず」ではいけない。

　次に個々の精神疾患の表現病理について話を進めていこう。


## 統合失調症の表現病理

　表現病理学は統合失調症においてその有用性をもっとも発揮した。統合失調症の描画が特異であることは、古くから知られていて、ドイツのプリンツホルン（1886-1933）はヨーロッパ各地の精神病院をめぐり、精神病者の描画作品を収集し、『精神病者の造形』という本にまとめたことは有名である。またモルゲンターラーは彼らの絵画を「充満」という言葉で評した。これは画面を、ご

絵画療法と表現病理　55

てごてとくまなく飾りたてる仕方で、統合失調症性描画の一つの形式的特徴とされた。しかしそれ以上に統合失調症の表現病理を的確に言い表したのは、本邦の中井久夫である。彼は統合失調症の患者に投影的方法である「なぐり描き法」と、構成的方法である「風景構成法」を施行した。妄想型の患者は「なぐり描き法」によく適応するにもかかわらず、「風景構成法」では空間に歪みが生じること、逆に、破瓜型の患者では「風景構成法」では整合性が保たれるにもかかわらず、「なぐり描き法」にはうまく適応できないことを発見し、それぞれP型、H型と命名した（表1）。こうした慧眼は、統合失調症の精神病理に精通した臨床家だからこそ為せるわざである。

　同じく、統合失調症の精神病理学の発展に貢献した宮本忠雄は、慢性化した統合失調症者が人間の顔を描くと、ほとんどが真正面向きになることを発見した。神経症者や多くの健常者は人物を描くとき、斜め前からのものが圧倒的に多いのと比較すると、きわめて特徴的である。また人物の横顔を描いたとき、顔は横向きにもかかわらず、目のみが正面向きに描かれることもあり、ナヴラティルは、「混合した横顔」（gemischtes Profil）と呼んでいる。こうした描画特徴は、人物画のみならず立体的なものの絵であれば同様に当てはまる。たとえば、家の絵において、壁の前面と側面が同一平面に、あたかもピカソのキュビズムのごとく描かれたりするのもその例である。彼らのこうした特徴は、描画に奥行きが欠如したり、ものに陰影が描かれなかったりすることとも共通し、統合失調症者のこころが平板化した結果とされた。

　ところで、宮本の仕事のなかで、もっともモニュメンタルなのは、ムンクの病跡学的研究を通して発見された「太陽体験」に関する論考だろう。

　ムンク（1863-1944）はご存知のように、ノルウェーの画家、版画家で、あの有名な「叫び」の作者として知られている。しかし、ここで触れるのは、オスロ大学大講堂の正面を飾る「太陽」（Solen）という表題の壁画（図1）である。この壁画は縦4.52メートル、横7.88メートルという大画面の中央に輝く太陽を据える大胆な構図で、見る人の意表をつく。フィヨルドの荒れた海からまばゆい黄金の光を放つ太陽が「真正面から」描かれている。ムンクはこれまでの研究から統合失調症圏の精神障害に罹患していたことが知られているが、この「太陽」壁画は、彼が精神病院での治療を終え、退院した直後に企てられたもので

表1　統合失調症の描画類型：H型とP型（中井）

| 種類＼特徴 | | なぐり描き法 | | 風景構成法 | |
|---|---|---|---|---|---|
| | | 線描（投影的） | 彩色（構成的） | 線描（構成的） | 彩色（投影的） |
| H型<br>≒（破瓜型）<br>≒（受動型） | | 常同的、単純な周期性―らせん、うずまき、鋸歯形など。数学でつかわれる曲線に似る。左右対称性―静的な印象。なぐり描きをきらい、具体物をかいてしまう傾向 | 淡彩、一様なぬり方。色数がすくない。 | 整合的な空間構成、直線、あるいは単純な曲線の多用、遠方をうすく彩色したり。item の妥当な組合せ、人、木などの形式化、記号化、真空化傾向（とくに中心部の人、家などが真空の世界にある印象）。遠景のみで成る。左右対称傾向（静的印象） | しばしば冬枯れの色が主調となる（山、木、田など）。遠方をうすく彩色したり、もやをかけたり彩色したり、あたたかみに欠ける真空の世界にある印象（構成的には正確な透視図的距離がおかれているのに色彩的距離効果が全くないという奇妙さ） |
| P型<br>≒（妄想型）<br>≒（能動型） | | 非常同的な変転性、非周期的だが、描線全体にあるゲシュタルト的なまとまりがある―生物のごとい道すじに似る。左右非対称的な、豊かな印象 | 濃い塗り。色数が多い。heterochromatizm がしばしばみられる。ものの形は個性的、個物的、象徴的、毎回変化 | 非整合的な空間構成、キメ細かな空間、力動的な曲線の多様、item の唐突な変容、中景〜小景群における個別化、遠近の混乱、左右非対称（力動的印象、あるいは豊かな混乱の印象） | 豊かな色数、濃い彩色、密林のような印象、heterochromatizm がしばしばみられる |

絵画療法と表現病理　57

図1　オスロ大学大講堂の「太陽」壁画（ムンク、1909-11）
（中山公男ほか『ムンクへの旅』新潮社、1984より）

ある。7年間の試行錯誤のすえ、やっと完成をみるが、ここには彼の妄想的世界からの峻別の意味がみてとれる。つまり彼は被害妄想がもっとも活発な時期には、「世の中のことがすべて自分のまわりをまわっている」、言い換えると「自分が世界の中心にいる」という体験をしていたと考えられる。ところがもともと客観的中心として存在していたものとの間で「中心をめぐる葛藤」が起こるのである。たとえば、家庭が舞台であればその中心である父親との確執が、信仰の世界が舞台であればその中心である神との対峙が、また、問題が宇宙的規模になればその中心である「太陽」との相剋が生じるわけである。ムンクの描いた、登る太陽、もしくは太陽の復活の体験（＝太陽体験）は、彼がそれまで妄想的世界のなかで、世界の中心としてふるまってきた境位から、太陽という本来の中心を媒介として、中心ならぬ周辺の意識を回復するという過程にほかならない。つまり太陽は統合失調症的世界の転回点（critical point）で出現したことがわかる。

　この、ムンクの病跡学的研究を通して発見された「太陽体験」の重要な点は、その後実際の臨床場面において、統合失調症患者の回復期の描画のなかで繰り

返し確かめられたことである。病跡学の対象となるのは天才と言われるような著名な人物が主だが、そのもっとも極端な形で現れた病理現象を通常の病者にまで還元したところが重要なのである。

## 躁うつ病の表現病理

統合失調症が、太陽、宇宙、神などの系列に親和性を示すとしたら、躁うつ病は地表の自然との親和性が高いように思われる。ここではまず、躁うつ病の類型と病前性格について論じておこう。

躁うつ病の表現病理と言っても、躁うつ病のどのタイプかによってその描画特徴も異なってくる。躁うつ病のなかでもっとも頻度の高い類型は、うつ病相のみ認められるうつ病（単極性障害）である。近年、社会の大きな変化に伴い、うつ病の分類も多様化している。ここで取り上げるうつ病は内因性うつ病（ＤＳＭ－５の大うつ病性障害）であるが、発症は成年期から更年期（40-50歳代）が多い。これに比べて躁うつ病（双極性障害）は、より初発年齢が早い。単極性の躁病もあるが、その頻度は低い。また、躁病相とうつ病相の症状を同時に、あるいは短時間のうちに併せもつ、躁うつ混合状態がある。これらの類型は互いに移行しあうこともあり、長年単極性のうつ病として診てきた患者が、ある時期突然躁病に転じることも時としてある。そういった意味では、たとえ現時点で単極性のうつ病、あるいは躁病が疑われても、躁うつ病（双極型）としての視点から病態を把握していたほうが有益である。一方で、神経生理、生化学的知見から単極型と双極型を区別しようとする試みやゲノム解析による研究も進んでいる。しかし臨床的には病前性格との関連で捉えていったほうが有益なことが多い。

躁うつ病の病前性格として、テレンバッハが提唱した「メランコリー親和型性格」がある。この性格は、すべてのことをきちんと整えておくという意味での「秩序」が生活の根本原理であり、几帳面な仕事、他人のためにつくす性格（対他配慮性）、過度に良心的というような性格である。この性格の人たちは、つねに秩序のなかで、秩序と一体化して生きており、秩序が乱されるような事態に追い込まれると、うつ病が引き起こされるのである。この性格に似ている

が、下田光造によって記載された「執着性格」は、「活動面」に力点をおいた性格類型である。この性格の人は、仕事熱心（熱中性）、凝り性、頑固、徹底的、几帳面、責任感や義務感が強いという人であり、周囲からは信頼を得ていることが多い。ある時期の過労状態が続いても、感情の持続的緊張により休養生活にはいることが妨げられ、疲労に抵抗してさらに活動を続け、ますます疲労し、この疲労が頂点に達したときに躁病やうつ病が発生するというものである。このほかフォン・ツェルセンによって唱えられた「マニー親和型性格」という、躁病に親和性の高い性格類型が知られている。

　いささか躁うつ病の説明に時間を費やしてしまったが、表現の病理がそのもととなる精神の病理と表裏一体をなしていることを理解すれば、納得していただけると思う。躁うつ病、とりわけうつ病の表現病理にもっとも寄与したのは大森健一である。彼のうつ病者の描画に関する論考が優れているのは、躁、うつに二極化した感情と描画の関係のみならず、回復期の「抑うつ心性」といった、うつ病者の基本構造にかかわる部分の描画表現を見逃さなかったところである。表２に示すように、うつ病やうつ状態の描画表現は、抑うつ感情、悲哀感、思考の貧困化と微小観念、意欲の低下などを背景とした表現内容で、枯れ木や無人の世界、閉ざされた門や壁、墓などが描かれることが多い。また描画にかかる時間が長く、作品が未完成に終わったり、色彩が少なく、使われても黒や茶、青、灰、白などの地味な色が多い。筆圧は弱く、描線もか細く、余白を残すこともしばしばである。これらの描画特徴はうつ病相の消退とともに消失するが、むしろこの回復期やその後の寛解状態において剥き出しになったうつ病者の基本構造が現れる。

　大森が抑うつ心性と呼んだものは、先に述べたうつ病の病前性格と多くの部分で共通する。この時期の描画は、細部まで几帳面に描き込まれたり、シンメトリーが強調されるなど、患者本来の性格がよく反映されている。また水平線が出現したり、奥行きが出てくるというのも、うつ病相からの回復兆候として重要なサインである。

　ここで、統合失調症の描画としてムンクを例に挙げたように、うつ病の描画の典型としてフリードリヒの描画を取り上げてみよう。フリードリヒ（1774-1840）は北方ドイツのドイツロマン派の代表的画家である。彼は幼少期に同胞３人と

**表2 躁うつ病の描画特徴（大森、中村ら）**

| | 内容分析 | 形式分析 |
|---|---|---|
| うつ病相 | 抑うつ感情、悲哀感、思考の貧困化と矮小観念、意欲の低下などを背景とした表現内容<br>①生命力の枯渇<br>②成長や発展の停止<br>③荒涼とした無人の世界<br>④冷たく閉ざされた門や壁<br>⑤威圧的事象<br>⑥不安、不吉、死 | うつ病相<br>①描画時間の遅延<br>②作品の未完成<br>③色彩が少ない（黒、茶、青、灰、白）<br>④空白が目立つ<br>⑤筆圧が弱い<br>⑥描線が細い<br>⑦虫瞰図<br><br>回復期<br>①細部まで几帳面を描きこみ<br>②現実密着性（眼前の花瓶、窓の外の風景）<br>　a. 生活密着性（自宅、家の庭や畑）<br>③水平線の出現（日の出の海など）<br>④シンメトリーの強調（富士山など）<br>⑤奥行きの強調（遠方に伸びる道など）<br>⑥後ろ向きの人物像<br>⑦崖と絵の木のある風景 |
| 躁病相 | 爽快気分（時に易怒性）誇大的・楽天的思考内容や意欲、活動性の亢進などを背景とした表現内容<br>①成長や発展的なテーマ（植物、未来など）<br>②動的で力強いイメージ<br>③開放的、拡大的、誇大的内容（宇宙、太陽など）<br>④抽象的、幾何学模様、デザイン、文字や数字の記入 | ①描画時間の短縮（＝描画枚数の増加）<br>②描画項目の増加<br>③明るく派手な彩色の多用<br>④筆圧の増強<br>⑤荒々しく乱雑な描線と塗り<br>⑥反復塗り（リズム感、運動感がある）、重ね塗り<br>⑦鳥瞰図 |
| 混合状態 | ①躁とうつの描画特徴の混在<br>②外面上の精神病像に相反する描画特徴の出現<br>③超越的な描画主題<br>④歪んだ構図<br>⑤奇妙な配色（紫、ピンクなど） | |

絵画療法と表現病理　61

図2　海辺の墳墓（フリードリヒ、1807）

母を失っている。とくに彼が13歳のときに、スケートをしていて氷の割れ目に落ちた彼を救おうとした弟が逆に溺死するというできごとは、彼のその後の人生に重く暗い影を落としたと考えられる。彼の描画は、その多くが先ほど説明した抑うつ心性を体現した作品と言ってよいのだが、ここでは彼のオークの木の絵に注目したい（図2）。

　彼の描画にしばしば描かれるオークの木は、廃墟や墓、岩などとともに描かれ、幹は傾き曲がりくねり、枝はあちこちで折れている。オーク（oak）とは、文学では樫と訳されるが、樫はむしろ、日本をはじめとして東アジアの亜熱帯から暖温帯にかけて最も広く分布する照葉樹林の構成する樹木のひとつであって、ヨーロッパには存在しない。彼の複数のオークの描画を見比べれば明らかだが、春、夏の青葉の木の絵と冬の枯れ木の絵とが認められる。つまりこの木は落葉樹なのであり、楢と訳すのが適当であろう。楢の大木はイギリスなどではあらゆる樹木の王様と信じられている。その王様の木が、フリードリヒにおいては傾き、枝が折れている。海辺の断崖に立ち、風雪に耐え忍ぶその姿、あるいは雪中で墳墓とともにたたずむその姿はまさにフリードリヒそのものであ

る。オークの木はフリードリヒの自画像と言えよう。その木は傷つこうとも倒れることなく、また立ち枯れることもなく生き続けている。彼の苦悩に満ちた人生を表現するのにこれ以上適切なモチーフはないだろう。

　私がフリードリヒのオークの木がうつ病者の自己表現だという確信を強めたのは、日本のうつ病患者が描く松の木の絵を見てからである。先にも記したように、うつ病患者は元来、決して弱々しい人たちばかりではない。とくに執着性格の人は、頑固で精力的な側面が存在する。こうした人たちが、うつ病の回復期や躁状態とうつ状態の移行期などに、しばしば崖や山の急斜面に生える松の木の描画を描くのである。なだらかな斜面や平地に、天を指して一直線に生える杉や桧ではなく、断崖絶壁に懸崖した松の木を好んで描くのである（なお、ヨーロッパの赤松などを見ると、日本のそれとは違い、逆に屈曲が少なく垂直に生えている印象があるが、いかがなものであろう）。厳しい自然のもと、険しい大地の上に、松の木は折れ曲がりながらも力強く生きていく、その姿がうつ病者の心性に真に合致するのである。だからこそ、臨床場面で出会ううつ病者、そしてフリードリヒは、崖や岩という大地（＝みずからが置かれた困難な環境）と松やオークの木（＝自分自身）に強い親和性を有しているのである。

## 表現病理と絵画療法

　患者に絵を描かせるとき、テストとして行うときはさまざまな制約を加えて、バイアスをできるだけ減らすように考慮するのだが、治療として行うときは一部の治療的禁忌を除いては、できるだけ余計な指示は与えずに描かせたほうがよいことが多い。多様な表現として描かれた描画には、テスト描画の枠組みでは捉えきれない患者の重要な情報が含まれている可能性がある。

　そうした情報を読み取るには、決して分析的な方法だけではうまくいかない。描画の背景にあるもの、文章で言うならば「行間」を読み取らなければならない。画面に描かれた個々のアイテム、たとえば家や木や人、大地などは、それぞれがバラバラに存在しているのではない。各々の要素が他の要素と関連しあって、全体として成り立っている。そこでは患者の生活史の理解、描かれた対象に関する知識など、総合的な視点が必要となる。こうして得られた知見によ

って、患者の描画に現れた表現病理は、より深い理解が可能となる。

　ただし誤解してならないのは、表現病理の基本を踏まえたうえでさらに深い理解をしようということである。最初から画面の背後にあるこころのありようを探ろうなどというのではない。表現病理の基本としては、大森らが提唱した「臨床図像学」がある。これは先入観をできるだけ排除して図像そのものに語らせる試みである。臨床図像学で画面に現れた現象をしっかり捉えた後に、その背後の患者の世界＝自然に踏み入ろうということである。

　それでは治療としての絵画はどのような点に配慮して進められるべきだろうか。絵画療法といっても、適応となる病態によって多種多様の技法があるが、著者らは施行にあたって、イメージを喚起する最低限の課題を与える程度にとどめ、できるだけ自由に描いてもらうことにしている。これはもともと徳田良仁によるイメージ絵画精神療法にならったものであるが、自由画の表出に行き詰まったときに簡単な課題画を提出することによって、患者はイメージを膨らませることができる。

　ところで描画活動に治癒力があるとしたら、それは患者自身が有する、個々の世界＝自然を表現し、また取り戻していく過程ではないか。そこでは絵画療法をある種の言語的精神療法にならって実践するのではなく、自然をも含む、広い視野のもとで行われるものではないのか。換言すれば、患者の荒れ果てたこころ（世界＝自然とも言える）の間隙を埋めるものとして、絵画療法を考えたらどうだろうか。

　だとすれば、環境療法としての絵画療法というものがあってもよいのではなかろうか。以前、八丈島にフィールドワークに出かけたことがあるが、当地の小学生に風景構成法を行ったところ、川が海のように描かれ、田んぼが畑として描かれた。島の人たちの自然が本土の人と異なるように、患者の自然もまたそれぞれだろう。自然のなかの人間とその描画という関係が成り立っているにちがいない。

　春には花見にでかけ、秋には紅葉狩りをしながら写生をする。別に病棟内であっても構わない。そこで治療者がそばから見守っていれば、さらに絵画活動は療法としての効果を上げると思われる。

## おわりに

　本稿の目的は、できる限り分析的視点を排し、描かれた絵画を作者（あるいは患者）の心的世界＝自然として総合的に捉えようということであった。ここ数年来の目覚ましい分子生物学の進歩によって、精神医学においても生物学的精神医学が脚光を浴び、一時は精神病理学の危機が叫ばれた時代もあった。しかしいくら科学が発展しようとも、人間のこころ、そしてその創造的所産である芸術が分析されつくすということはなかろう。むしろこうした世の中だからこそ、科学の手の及ばない芸術の必要性が増しているのだと思う。

　表現病理学、そして絵画療法はそれぞれの時代で、その理論的布置にはやりすたりがあるだろう。しかし入念な症例記述と彼らが残した作品は、貴重な資料として後世にも残り続ける。われわれは常に初心にかえって、患者自身、作品自体から出発する態度が何よりも必要である。

# [PART] 2
# 芸術療法とその技法

［PART・2］芸術療法とその技法

# 6　個人絵画療法

吉野啓子

## 絵画を用いることのメリット

個人絵画療法は個人精神療法を行う際に用いられるひとつの技法である。ここでは、日常の精神科診療や心理臨床のなかで絵画を用いることのメリットを以下に3つまず挙げてみよう。

### ⑴ 治療場面での緊張を緩める

言語的なかかわりを中心とする面接や治療場面で、絵画をはじめとした非言語的なものを併用すると、治療者と面談者がともに作品に目を向けて話題にすることができ、その交流が和やかなものになるという風に、治療場面での緊張を緩めるのに役立つ。さらに描画行為そのものにも面談事例の対人場面での特徴が観察されるため、その後の面談の参考になる。

### 〔事例A〕高校3年生の女子

高校2年生時に不登校となり、その後登校し始めたが、手首や上腕などに自傷行為がみられるために学校からの勧めで面談に訪れた。口数が少なく、治療者の何気ないことばがAを非難し攻撃していると感じるらしく、泣き顔になる。数回の面談後「絵を描いてみましょうか」ともちかけたが、緊張が強くて描けない。

そこで治療者もクレヨンを手にして画用紙に交互に線を引いて画面分割し、

個人絵画療法　69

図1　事例Aと治療者の相互分割彩色

彩色した。するとAは治療者の描線や彩色に頓着せずに自分の流儀のままに行うことがわかった。そこで、治療者の方がAのやり方に合わせるようにすると満足そうに笑顔を浮かべて描画を完成させた。

　その後、Aとの面談は、受容的にかかわり支持するだけにとどめたが、問題行動もおさまり、次第に落ち着いていった。

(2) 事例の内面が図像学的に了解される

　個人絵画療法の導入には、描くことの得手、不得手も考えて、事例を選ぶか、もしくは事例から選んでもらう必要がある。治療者が面談を続けていくなかでこの技法を用いることを思いついたときには、事例の方もそれに応じるだけの治療関係ができていることが多い。そしてたとえば、面談のなかで言語で表現されたものを今一度描画してもらうと、その人の悩みや内面が気分性を伴ってそれを見る治療者に伝わってきてはっとさせられる。

　画像のもつ豊かな表現性が治療者のこころを描き手のこころに近づけるという図像学的交流をもたらす。

図2　事例Bの描いたX県の風景

〔事例B〕高校2年生の女子

　学校に馴染めないということで家族の勧めでBはカウンセリングに訪れた。これまでに日常生活のなかで、さまざまな強迫行為があり、さらに、心身症と思われる胃潰瘍に罹ったという。面談時には親に対するいわれのない負い目や、転居してきた土地が嫌いで馴染めないという話題を毎回繰り返し語っていた。治療者にはBのこの風土に対する違和感がいまひとつ実感できなかったため、面談の終了近い時期に「一度それを絵にしてほしい」と宿題にした。

　その次の面談時にBの持参した画は畑と林だけの何の変哲もない風景画だったが、色彩は単調で画面いっぱいに逃れられないような暗さと重さが漂っていた。Bの内的気分が風景へと投影されているのは一目で明らかだったが、それには触れずにだまって受け取っておいた。

　Bはその後、都心の女子大に進み、なお悩みがちではあるものの、友人にも恵まれてサークル活動やアルバイトを始めるなど充実した毎日を送るようになった。

個人絵画療法　71

## (3) 治療の流れや病態を確認できる

個人絵画療法では描画を見守る治療者へのメッセージとして作品がしばしば描かれる。たとえば治療関係がそのまま投影されていたり、治療者像が描かれることも多い。また、絵画療法では作品が残されるので、それらを継時的に並べてみると、治療の流れや病態の変化が図像として確認できることも多い。治療の終結時に事例とともに描画を眺めながら治療経過を振り返ることもあろうが、たいていは治療者だけの作業となる。

また、絵画療法を続けていくなかで、ときに他の、箱庭やコラージュまたは詩歌などの療法が用いられるとき、それらの作品と描画表現との違いを通じて事例の内面への理解が深められることがある。絵画表現に馴染んでいる事例では、それなりのスタイルができていて、それによって内面の悩みが覆われてしまいがちだが、そんな場合はふだんしたことのない表現方法をとることで、それまで見せることのなかった病態が明らかになることがある。


〔事例Ｃ〕中学２年生女子

体型への強いこだわりとみずから設けた摂食制限が守れないことへの悩みがあるとＣは親の勧めで面談にきた。両親や中学校の教師に対する強い反発と思い通りにならない食欲を話題にして、悲しげで暗い表情を浮かべていることが多かった。描画が好きで、面談のたびに自由画を描いた。作品は強いタッチで悲劇的な場面が赤や黒を用いて思い入れたっぷりに描かれていて、Ｃは不敵な笑みを口元に浮かべて治療者の反応をみていた。

あるとき、たまたまそばにあった箱庭を勧めてみたところ、その作品は砂のうえにお茶道具や食器、果物がそのまま置かれていた。「茶の間」だとＣは平然としていうのだが、描画に較べて不自然で統合性に欠けるとの印象を治療者は抱いた。そこで母親にきいてみると、家庭内に別の困った問題があり、Ｃには可哀相な思いをさせているとのことだった。

Ｃの、自己制御の試みや年長者への反発など、面接場面で語られたさまざまな思春期心性の背後には、なお言語化したり受容や統合の難しい、家庭内の大きな問題が潜んでいることが箱庭に表現されていた。その一方で描画ではそれを否定し「悲劇」として乗り切ろうとするＣの心性が表れていると推測された。

図3　事例Cの描いた「自分の心の中―絶望」

Cはその後、過食傾向に悩むようになったが、いくつかの自立の試みのなかで、自分や家族の問題をより客観的にとらえて対処できるまでに成長した。

日常の精神科臨床や心理面接場面での描画のメリットについては以上のような点が挙げられるが、描画内容と面接とのかかわりについて次に述べてみよう。

## 絵画療法と精神療法

### (1) 分析的絵画療法

分析的理論に基づいた治療場面では、たとえば見た夢を画にするなど無意識を積極的に表現させ、それを象徴的に分析していくというふうに、絵画を用いることがある。この場合には治療関係のなかであらかじめ「描画を用いて分析を深める」ことが了解されている。そして絵画療法を受ける側も「自分の無意

識が描画に表現され、それが分析されることで治療が進む」ことを十分に理解し協力できることが前提となっている。

そして、絵画の分析やその後の精神療法はそれぞれの技法や理論の枠付けのなかで行われる。たとえば分析を深めることで症状が悪化したり、病態が重くなると予想される事例は適応外で行わない。また、適応事例であっても、描画や分析の場で不安が強まり、治療に耐えられなくなるなどの悪影響が出た場合にも、その治療法はすぐさま中断され、より安全な方法に切り替えられる。

同様な悪影響は、なお病態が不安定な時期の精神病事例への不用意な面接時や、投影法を用いる心理検査を行う際にも生じうるので充分に注意したい。

## (2) 治療者の関与と適性

分析的な理論などに基づいた適応事例の選択や枠付けをもたない治療者が、日常診療の場で個人絵画療法を行う際には、事例に対して描画への踏み込んだ内容分析はふつう行わない。事例の内面が臨床図像学的に見て取れても、それを告げることなく印象として留めておいたほうがいいとされる。というのは、日常の絵画療法には以下の基本的役割があると考えるからである。

そのひとつは、事例が自分の内面を描き、それを対象化する行為そのものが治療的に働くことである。ふたつめは、1回ごとの描画に対して早急な分析を行うよりも、継時的な描画の流れをみることによって、より深い洞察や理解が得られる可能性が高まる。3番目には、治療者から語りかけるのではなく、事例が自分自身の内面に気づいていく経過をともに見守る緩やかな関与が治療的に望ましいからである。

もちろん個人絵画療法に関与する過程のなかで図像学的に意味のある描画に出会ったとき治療者はなんらかのメッセージを、意識的にもしくは無意識に、その治療を通じて事例に返している。これは臨床図像学的交流といわれるものだが、事例の内面の動きにあわせて治療者がそれを受容するという関与の仕方が、精神療法としての効果をもたらしていく。つまり、事例は治療者とともにあるなかで、自分の内面と向かい合い統合していくことができるのである。

このようなことを踏まえて、個人絵画療法を行おうとする治療者の適性を考えてみると、何よりも描画の場をともにして過ごすこころのゆとりがあること

とともに、ときにはもう一歩進んで事例と一緒に描画することにも応じられる気持ちの柔軟性が要求される。

### (3) 絵画療法と自己治癒

さて、個人絵画療法が治療関係のなかである期間継続していく場合、事例によっては描画作品がシリーズとなり、象徴的なテーマをもったものへと発展することがある。そのようにして描画のなかに自分の葛藤を盛り込み、病的なものをひとつの物語として完結させることは自己治癒の機制につながる。しかし、ときには神経症レベルの事例が同じ葛藤状況を際限なく描き続け、シリーズのなかでの物語の完結が成功しない事態も生じうる。このような事例では絵画療法をどの時点で終了させるかにも工夫が必要となる。

描画による自己治癒でよく知られているのはノルウェーの表現主義の画家エドヴァルド・ムンクである。彼は40歳頃に妄想性精神病に陥り、サナトリウムで療養した。その際に、主治医の勧めもあり「アルファとオメガ」という木版

図4 ムンクの版画作品「アルファとオメガ」のなかの1枚

画の連作を作った。それは彼の葛藤や悩みが盛り込まれたものだったが、その
作品が完成する頃には彼自身も病いから立ち直り、画家としての活動を再開し
たのである。

### (4) 絵画療法の技法

　描画が分析しやすいという点では描画テストが一番なのだが、そのいくつか
の技法が個人絵画療法の導入時などに用いられる。よく知られているのは「バ
ウムテスト」「人物画」「家・木・人（ＨＴＰ）」さらには「なぐりがき法」な
どである。これらの技法を応用して用いる際も、心理テストとして分析する見
方も考慮しながら、精神療法的な関与のなかの１枚の描画として、その一連の
流れのなかでの意味を見いだしていくことが大切である。

　個人絵画療法のなかで、治療者のほうが描画行為のなかに一歩踏み出して、
事例を保護しつつその内面をより多く引き出そうとする技法も工夫されている。
たとえば治療者が画用紙に枠を付けて事例に渡す「枠付け法」、交互に画面を
分割彩色してその交流を楽しむ「相互分割彩色法」、治療者の提示するアイテ
ムを順番に画面に描き込ませて風景へと仕上げる「風景構成法」、なぐりがき
の画用紙を互いに交換して相手の描線から連想して作画していく「相互なぐり
がき法」などがあげられる。


## 臨床の場での個人絵画療法

### (1) 個人絵画療法の適応

　精神療法的に注意深く関与している治療者のもとではたいていの事例が適応
となる。しかし精神病の急性期や回復初期など外部刺激に影響されやすい時期
は、絵画を描くことで病状が悪化する可能性が高く、適応とはならない。抑制
の強いうつ病相では、描画は苦痛な作業を強いることになるし、躁病相では注
意が転導して集中できない。神経症圏では描画によって行動化をひき起こす場
合もときおりあるので一応の注意が必要である。

　統合失調症の急性期が過ぎて寛解期に至るまでの回復の一時期において、描
画のように非言語的な緩やかな関与が、事例にとってもっとも精神療法的な効

果をもたらすといわれている。そこでは急性期の「混乱を引き起こす世界との葛藤」体験を鮮烈なイメージで描出し、それを描くことで病的世界から抜け出していく過程を、治療者は事例とともにすることとなる。回復が進み言語を媒介とした精神療法がより深い面接を可能とするまでの間、絵画療法を用いることによって豊かな治療関係が築かれる。慢性化した事例では、言語交流では目立たなくとも、描画のなかに妄想傾向や精神内界の貧困化が表出されることがある。また、無為自閉の目立つ事例では、描画による交流が自発性を促すことにもつながる。常同的な描画を繰り返す事例の場合、それを受け容れる治療者が存在することが病状の安定につながることもある。絵画療法では、内容の豊かな鑑賞に耐える描画だけが対象になるわけではない。

　躁うつ病の場合も、回復期には絵画表現を用いて自分の内面やそれまでの葛藤など、彼らに特有な心理状態を表現する事例に出会う。さらに言語表現の不十分な幼児・児童から青年期にかけての事例においても描画を通じてのかかわりは受け容れられやすく、その表現から理解されるものも多い。言語表現の豊かな神経症圏の事例では、描画を通じて葛藤を表現することがカタルシスに通じ、その葛藤を乗り越えるきっかけともなる。

### (2) 個人絵画療法の際に準備するもの

　基本的には紙とえんぴつがあれば、いつでもどこでも開始できる技法である。ふつうは表現の幅を広げるために12〜24色くらいの色鉛筆やクレヨン、クレパス、絵の具、色画用紙など適宜工夫して用いる。用紙の大きさはＡ４やＢ５など事例に応じて選ぶ。

　絵画療法室もしくは精神療法室などの静かな居室のなかに、そのための机と椅子があれば申し分ないが、実際には病室の片隅でも外来診療室の机でも絵画療法は可能である。ただ、照明の暗い部屋や注意の集中を妨げる刺激の多い環境は、当然ながら好ましくない。事例も治療者も自分の内面と語り合うような、真面目だがリラックスした雰囲気が大切である。何よりも治療者が直接にもしくは間接的に描画に参加していることが肝要である。

　外来治療の場合には、描画を宿題にして自宅で仕上げ、通院時に作品を持参させるという方法で事例の生活のリズムを作り出す場合もある。

個人絵画療法　77

作品の保管も専用の箱や袋を準備するとよいという人もいる。

### ⑶ 絵画療法への導入と注意点

始める前に治療者が、面接の場に絵画療法を導入することを告げて、相手からの了承を得て、初めて治療契約が成立する。たとえば「1、2週間に一度もしくはそれ以上、あらかじめ決めた時間に決めた場所で、治療者の同席のもとに描画して、それとともに治療のための面談をしたいがどうだろうか。具合の悪いときには、もちろん休みにすることは構わない」といった風に提案する。面談回数についてもまず10回くらいとか、最高半年ほどなどと目安を立てておき、切り上げる時期をはっきりさせたほうが次の治療展開へと向けやすい。また、絵画療法の料金を気にかけている場合は、治療契約の際にきちんと提示する。

作品は、その都度治療者が受け取って保管し、精神療法の場で表現された秘密の保持のために、原則的に他の治療者や患者の家族には見せない。契約の終了した際に、患者に作品を持ちかえるか否かを尋ねることも大切である。

なお、治療の経過のなかで思わぬ形で絵画療法が中断したり、終結せざるを得ない場合もある。その後の再開については、よりしっかりとした枠付けを考える必要があり、他の精神療法に切り替えたほうがよい場合ももちろんある。絵画療法は漫然と続けるものではなく、次のかかわり方や技法を考え、完結させていくものである。

[PART・2] 芸術療法とその技法

# 7 集団絵画療法

関　則雄

## 集団絵画療法の歴史

　ここに第二次大戦後間もない1950年代にすでに実践されていた、2つの集団絵画療法の例を挙げてみたい。

　1つはニューヨークでスラムの情緒障害児のリハビリテーションのために設けられた収容治療施設ウィルトウィックスクールで行われていた集団絵画（造形も含む）療法である。この集団絵画療法は、ナチス・ドイツの迫害から逃れ、亡命先のニューヨークで子どもたちに美術を教えていたイーディス・クレイマーによって行われていたものである。ここでは積極的にグループを作り出すための試みはなされず、アートセラピストは非指示的にセッションを誘導し、子どもたち一人ひとりが思い思いの主題や材料を選ぶように励まされた。そこでは芸術を通しての自己表現そのものが治療的であるとみなされた。

　もう1つは、南ロンドンのネーザン病院で、1946年にエドワード・アダムソンが精神科入院患者のために開設したスタジオで行われていた集団絵画療法である。そこでは患者たちは好きな時にスタジオにやって来て、思い思いの場所にイーゼルを立て、絵を描きながら自分自身の気持ちと対話をする時間をもつのである。彼は患者たちの内なる創造力に癒しの源泉を求め、何を描くかという指示を与えることはなく、彼らの変化を何週間、何ヵ月、時には何年も待ち続けた。彼の仕事は患者たちのために自由でのびのびとした環境を作りあげ、必要な紙と絵の具を用意することである。当時の精神病院は依然として19世紀

集団絵画療法　79

のヴィクトリア朝風の精神医療政策の中にあり、このスタジオは鉄格子のついた大部屋に隔離されていた入院患者たちにとって、唯一プライバシーが認められ、自分のための時間をもつことができたサンクチュアリ（避難所）でもあった。

　この両者に共通する点は、芸術的（創造的）活動そのものに治療的効果があるという考え方である。米国アートセラピーの草分けの一人であるクレイマーの "art as therapy（治療としての芸術）" という考え方や、後に英国アートセラピスト協会の創設会長となったアダムソンの "art as healing（癒しとしての芸術）" という主張は、初期の集団絵画療法を特徴づけるものである。

　彼らの運動はその後1964年に英国アートセラピスト協会が設立され、やや遅れて1969年に米国アートセラピー協会が発足することにより、社会的な認知を獲得していくようになった。そして各大学などで絵画療法の正規のトレーニング・プログラムが開設されるようになると、集団絵画療法も、さまざまな対象者への適用、扱うテーマや素材のさらなる考察、グループ力動の考え方の導入、理論的背景の異なる多様なグループの実践など大きな広がりを見せていくようになった。


## 集団絵画療法の利点と治療的側面

　絵画療法は言語を用いた精神療法とは違って、絵という直接的で具体的な表現手段を用いるために、イメージや無意識の領域を目に見える形で直接に扱うことができるという特長がある。そこでの創造的行為は意識と無意識との対話であり、主観的世界と客観的世界との間に橋をかける作業でもある。それは内側に向かっては自己の内面との静かな対話を促し、外側に向かっては非言語的なコミュニケーションの媒体となる。

　絵画療法のもつ基本的な特長に加え、個人絵画療法の単なる延長ではない、集団絵画療法特有の利点と治療的側面について以下に挙げる。

　①一対一での対人緊張に耐えられない人でも、グループの中では人目をあまり意識せずに参加することができる。また自分から一人で何かを行うのが困難な人でも、周囲の様子を見て模倣したりしながら参加することもできる。

②非言語的表現手段を用いるために、言語表現が難しく人との交流が困難な人々も、自分を表現しつつ他者とかかわりながら参加することができる。

③とくに共同画制作では、活発な相互交流が起こり、一緒に協同して一つのものを作りあげたという満足感や一体感を体験をすることができる。また治療者側も一緒に作業を行うことで治療する側とされる側との垣根をはずし、グループの中でメンバーと一緒に制作することができる。またそうすることにより直接メンバーと交流したり、サポートをすることができる。

④凝集性のあるグループでは、参加者の中に共鳴や共時的現象が多く生じ、不思議な一体感や自分たちの居場所といった感覚を体験する。

⑤他メンバーの作品の中に自己の作品を置いて客観的に自己を観察したり、他メンバーのコメントを聞くことで、気づきや洞察を深めることがより容易になる。

⑥作品をグループの中でシェアリングし、まわりから拍手をもらうことは、グループから共感してもらい、受け容れられる体験となる。

⑦一対一の個人療法に比べ経済効率が高く、多くの患者を抱える病院や施設でははるかに現実的なアプローチである。

⑧表現された作品のみならず、グループへの参加状況や対人交流のやり方は、参加者の対人的活動レベルや病態を多角的に把握し、理解する手だてとなる。

## 集団絵画療法のグループの形式

集団絵画療法は、その対象者や目的によってさまざまな形式で行われる。出入りも自由で非常にゆるい枠組みで行われるグループもあれば、構造がしっかりしていて厳格な枠組みのもとで行われるグループもある。枠組み（時間、場所、対象者、人数、行う内容）がゆるいオープングループは、最初から最後まで参加するのが困難な人々や、その時の状況や気分で参加を決めたい人々を対象にしている。枠組みをゆるくすることでこれらの人々の主体的グループ参加が促されるが、参加してみてのグループ体験が彼らを引きつけるものでなければ、次回からの参加は望めないというリスクがある。反対に枠組みがタイトなクローズドグループでは、決められたクール（回数）が終わるまで休まずに出席す

集団絵画療法　81

ること、遅刻をしないことなどグループのルールに基づいた契約に従うことが要求される。そのため参加者は、その内容が理解でき、実行することができる人々が対象となる。

〈オープン―クローズド〉を集団絵画療法のグループ形式の1つの軸とすると、〈作品創造―言語交流〉の2つの指向性は集団絵画療法のもう1つの軸となる。集団絵画療法は、会話のみの集団精神療法とは異なり、グループプロセスにおいて2つの凝集点をもつ。1つは描画行為を通して各自が自己の内面に深く入り込み、自己との対話をしている時である。その時はグループ全体に沈黙が支配する。そしてそこから再浮上した後に、描かれた絵を媒介にしての体験の言語的シェアリングがグループ全体で行われる。集団絵画療法のグループプロセスにおけるこの内向きと外向きの2つの凝集点の力点の置き方によって、作品創造に重きを置くグループと、シェアリングを通しての言語化と相互交流を重視するグループとの2つのタイプができることとなる。前者は作品を制作することそれ自体の治療的な意義を重視する立場を取っており、後者は言葉による話し合いを重視し、作品を完成させることよりも作品を媒介とした言語的やりとりの中に治療的な契機を見ようとする立場を取っている。これらはアートセラピーの古くからの論争点である、2つの治療的側面「治療としての芸術 "Art as Therapy"」と「芸術心理療法 "Art Psychotherapy"」に対応している。

実際上の集団絵画療法の大部分は、この〈オープン―クローズド〉、〈作品創造―言語交流〉の2つの軸の組合せの中の、どこかに位置することとなる。そして、どの形式を用いるかは、治療者側の好みや都合によって決められるのではなく、対象となる人々のレベルや病態、そしてそこから設定される治療目標によって選択されるべきである。

全体としての集団絵画療法は、これらの軸に沿って、**オープンスタジオ形式**（作品制作を主たる目的として、何を描きたいかも参加者が決める）、**テーマ中心形式**（セラピストが描画内容を提出、毎回完結型）、**グループ分析形式**（言語交流を中心とした力動的集団精神療法に絵画を取り入れたもの）の3つのタイプに分類されるが、詳しくは表1を参考にされたい。

表1　集団絵画療法の３つの形式

| ← アート／自己表現　　A　B　C　　言語／他者交流 → | | | |
|---|---|---|---|
| | オープンスタジオ形式 | テーマ中心形式 | グループ分析形式 |
| テーマ | 個人の自由 | リーダーが用意する | メンバーが決める |
| グループ形式 | オープン | オープン、セミクローズ | クローズド |
| セラピストの役割 | 絵の先生に近い | 両方のセンスが必要 | グループ・セラピスト |
| 他者交流 | ほとんど無い | リーダーを介して交流 | 活発な言語交流 |
| 用いる素材 | さまざまなアート素材 | 限定されている | メンバーが決める |
| 時間枠 | 出入り自由 | 大枠で決まっている | 厳密に決まっている |
| 対象者 | 施設居住型、慢性期入院患者 | 急性期入院患者、一般の体験グループ、子ども | 神経症以上、トレーニングや自己発見グループ |

## テーマ中心集団絵画療法の実際

　ここでは、最も一般的に採用されている、テーマ中心形式集団絵画療法に焦点を当てて、それを**作品創造型、中間型、言語交流型**の３つのテーマ中心集団絵画療法の形式に大別し、それぞれの形式の特長と対象者の違いについて述べてみたいと思う（表２）。そしてこの３つの形式に該当するグループの具体的な事例を、筆者が実際に行っているグループの中から選び、紹介していきたいと思う。

表2　テーマ中心集団絵画療法の３つの型

| ← アート／自己表現　　　　　　　　　　　　　　言語／他者交流 → | | |
|---|---|---|
| A | B | C |
| 作品創造型<br>（自己表現グループ） | 中間型<br>（支持的グループ） | 言語交流型<br>（自己洞察グループ） |
| ・オープンスタジオ形式に近い<br>・素材に触れたイメージがテーマになっていく | ・一番多い集団絵画療法<br>・テーマは、季節に関したものなど、一般的なものから選ぶ | ・分析的グループに近い<br>・テーマは、メンバーの抱えている問題からピックアップ |

集団絵画療法　83

## Ａ．作品創造型（自己表現グループ）

　このタイプのグループは、誰もが楽しみながら作品を制作し、その中で喜びや満足感、達成感、カタルシスなどを得ることを目標にしている。ここでは創造的行為自体がもつ治療的効果が中心となる。自分の感情をうまく言葉で表現できない子どもたち、自閉症児、毎日の生活が無活動で引きこもりがちな慢性期精神病患者、老年期の患者などが対象となる。

　文頭に挙げたクレイマーやアダムソンらが行っていた集団絵画療法もこの形式にあたる。このタイプのグループでは、テーマや指示を与えることはせず、参加者の自発的行為と自然な治療のプロセスを見守るやり方をとる。しかしながら、現実には、場所や時間、あるいは参加者のレベル上の制約があるため、自由参加ではあるが、ある一定の時間に参加者が１つのテーマに取り組むようなグループを作るやり方をとるのが普通である。

　もし後者のようなグループで枠付けとしてのテーマを用いる場合には、創造的な作品作りを通して満足感と達成感が得られること、失敗感を体験させないことに留意する必要がある。ここでのリーダーの役目は美術教師のそれに近いものがある。この場合のテーマは、絵を描くことに自信がなく、抵抗を示しがちな参加者にとっては、大切な鍵となる。筆者が精神科で実際に行っているテーマの例として、「墨流し」「和紙の折染め」「ちぎり絵」「フロッタージュ」「コラージュ」「発砲スチロール版画」などが挙げられる。

　ここでの制作テーマは、リーダーが用意する素材そのものから誘発される。素材に手に触れ、そこから引き出されたイメージがそのまま作品となっていく。

### 〔例１〕精神科慢性期病棟の導入グループ

　ここでは、精神科慢性期入院病棟での集団絵画療法を例として挙げる。このグループの目的は、他のさまざまな活動にも参加しない自閉的な患者に新鮮な刺激を与え、活動性を上げていくことである。そのため、グループは出入り自由なオープン形式とし、場所は誰でも気軽に参加できるデイホールを使用している。

　この時のテーマとしては「墨流し」を選んだ。セッティングとしてはテーブルを置き、それを取り巻くように半円形に椅子を置いた（図１）。テーブルの

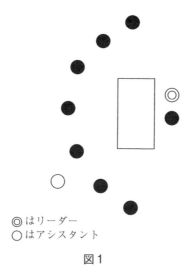

◎はリーダー
○はアシスタント
図1

上には水を張ったバット、墨汁、筆など墨流しに必要な材料を置いておく(技法の詳細は省略)。

　参加者全員でリーダーがやり方のデモンストレーションを行うのを見た後、一人ひとり順番に前のテーブルに出てきて墨流しとそれを紙に写し取る作業を行った。リーダーは制作者の横にいて適宜技法上のアドバイスをしたり、時には手助けをした。

　制作者が墨流しを行い、模様を写し取った紙をバットから引き上げると、周りから「すごーい!」「わぁー、きれい!」などの声とともに拍手が湧き起こった。緊張していた制作者の顔も一気にほころび、作品を見ながら満足そうな笑顔が見られた。このセッションのハイライトでもある。

　ホールを横切りながら通りかかった患者も、何をやっているんだろうと好奇心半分にのぞきに来て、そのうちの何人かは、「俺もやってみようかな」と列に加わって参加した。多くの参加者は、自分の番が終わっても最後まで他の参加者の作業を食い入るように見つめていた。

　できあがった作品は、別のテーブルの上に広げた新聞紙の上で並べて乾かし、みんなでそれを取り囲んで鑑賞し、体験のシェアリングを行った。「面白かったです」「これ、いいね」「一人ひとりみんな違うね」などさまざまな声があげ

集団絵画療法　85

られる。最後に全員拍手をしてセッションを終了した。

作品は持ち帰って乾燥し、台紙に貼った後、後日病棟に飾りつけられた。

墨流しは誰でも気軽に行え、達成感の感じられるテーマであり、見る人の好奇心を引きつけるという点でも有効なテーマである。さらに付け加えると、この墨流しのグループは、筆者が「カラオケ的グループ」と呼んでいる構造をもつ。ここでは1人の制作者にスポットが当てられ、観客としてのグループ全員のまなざしが注がれる。この作業を行っている数分間は彼だけのためにあり、ふだん特別な注意を向けられることの少ない慢性期の患者にとって、健康的な自己愛の感覚を体験できる機会となる。ここでのグループは、一人ひとりのその自己愛の感覚を引き出して包み込んでいく、ビオンの言うところの「容器」の働きをしているのである。

　＊この墨流しの例は、作品創造型としては特殊なグループ構造をしている。作品創造型の形式は一般的には参加者が大テーブルを囲んで制作を行い、その場所で作品のシェアリングをしていくのが普通である。


## B．中間型（支持的グループ）

この形式のグループでは、作品創造活動と、参加者間の言語的／非言語的相互交流の両方に重点を置いている。したがって、作品創造型グループに比べてさらに共感や相互理解、他の参加者からの支持、グループの一体感などを体験しやすい。対象としては自分の気持ちや考えを言語化でき、他者との交流も可能な精神科入院患者、傷ついた体験の中から直接サポートを必要としている人々、高学年の子どもなどが考えられる。またこの形式のグループは、一般の人を対象にした集団絵画療法の一日体験グループなどにも適している。

リーダーの役目としては、参加者が安心して制作活動に集中できるような枠組みと参加者の自由な発言や相互交流の場を提供することである。そのためグループの始めにテーマを出して簡単な枠付け的導入を行う以外は、グループ全体を包んでいく（holding）立場でかかわっていく。

ここでのテーマは、グループを短時間で1つの方向へ凝集させる役目をもち、1回のセッションで完結する内容が適している。その内容は個人的な問題に直面化させるようなものではなく、"一般的"で抵抗の少ない（しかし自分のもつ

問題が投影されやすい）ものを選ぶことが多い。テーマはここでは安全な枠付けにもなっている。

　制作方法には大別して個人画と共同画の2種類があり、テーマはグループ参加者の数、状態、レベルなどにより選択される。例として、「橋のある風景」「虹の下にイメージするもの」「北風と太陽」「街の共同画」「島の共同画」などがある。

〔例2〕精神科回復期病棟の支持的グループ
　この回復期病棟では、週に一度病棟内の食堂でオープン形式の集団絵画療法を行っている。食堂は先の例で挙げたデイホールのオープンスペースとは異なり空間的に囲われているため、通行途中に立ち寄る者はおらず、より守られた空間となっている。見学参加は自由。ただしグループの外側からの見学ではなく、一緒にグループの中に入ってもらう。スタッフはリーダー1名にアシスタント1名。

　セッティングとしては4人掛けテーブル3つを横に並べて大テーブルを作る。参加者はテーブルを囲んで座り（図2）、リーダーから順番に名前を言って自己紹介をしていき、セッションを開始している。毎回セッションの前半に、ウォーミングアップとしてわら半紙にブロッククレヨンで色塗りを行い、その時のグループの雰囲気や表現されたイメージから、その日に行うテーマをリーダ

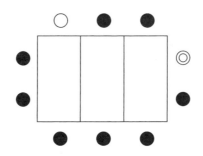

◎はリーダー
○はアシスタント

図2

図3　島の共同画

ーが決める。次に「島の共同画」をテーマとして行った時の例を挙げる（図3）。

　まずテーブルにロール紙を広げ、黒のサインペンを順番に手渡ししながら島の輪郭を儀式的に引いていった。次にリーダーが、「今から全員でこの島に行き、しばらく時間を過ごします。この島はどんな島でしょうか。美しい砂浜があるかもしれないし、断崖絶壁になっているかもしれません。どんな動物がいるでしょうか？　無人島かもしれないし、意外にリゾートホテルなどがある場所かもしれません。そこではどんな風に過ごしてみたいですか、そのイメージを絵に描いていってください」とイメージを誘導した。

　Iさんは出たり入ったり落ち着かず、リーダーの隣に座り、サポートされながら参加していた（リーダーの横で守られていることで安心できている）。Tさんは明日退院予定で、太陽、ひまわり、チューリップなどを楽しそうに描きあげ、そのひまわりから黄色の光を伸ばし、まわりのそれぞれの人につなげていった（自分のうれしい気持ちをまわりに伝えていく）。Mさんは自分の居場所を求めて参加し、はじめはホールで見たいテレビを見ようかどうか迷っていたが、グループでの所属感が得られ離れられなくなる。絵は下手だからと言いながらも、まわりの人たちとやりとりしながら動物たちを描き、向かいのアシスタン

トが描いたターザンに、自分の描いた動物たちからツタを伸ばしてつなげていった（自分から手を伸ばし、ふれあいとサポートを求めている）。K氏は「早く自由になりたい」と自由の女神を描き、「この山の向こうには自由がある」と言ってそびえる山とその山のトンネルに至る道を付け加える。さらにリーダーの描いた山にもトンネルを描き、道をそこまで伸ばしていった（リーダーとのつながりを求めている）。向かい側の硬直した直線的な島の輪郭しか描けなかったH氏は、K氏のトンネルを見て自分の側にもトンネルの出口を描き、さらに線路とその先の終着駅を描いた（K氏のイメージに自分のイメージをつなげていく）。このように、このグループでは共同画制作を通してのさまざまな交流が見られた。

　完成後、全員立ち上がりテーブルの周りを一周して島巡りをする。戻ったところでそれぞれが自分の作品を紹介しながらシェアリングを行った。

　最後に全員テーブルの一方に寄ってもらい、リーダーとアシスタントで共同画を立てて見せると、「うわぁー！」と言う歓声とともに全員から大きな拍手が湧いてきた。「これはどんな島なんでしょうか？」とリーダーがそれぞれのイメージを聞くと、「希望」「家族」「アドベンチャー」「ドリームランド」などの答えが返ってきた。


### C．言語交流型（自己洞察グループ）

　この形式のグループは、描きあげた絵を媒介にして話し合うことにより、自分の抱えている問題の原因となっている内的な葛藤について気づきと洞察を得たり、本当の自分とは何かを見つめ直していくことを目的に行われる。通常はセッションの前半に描画制作、後半にその絵を見ながらグループでの話し合いを行う。

　ここでのリーダーの役割は、絵を媒介としたメンバー間の話し合いを促すことである。リーダーはファシリテーターとしての立場に徹する場合もあるが、質問やコメントによってメンバーの連想を発展させたり、解釈や直面化などの介入を行う場合もある。リーダーは、グループの一員として描画制作に参加する立場をとることもあるが、参加しない立場に徹する場合もある。

　この形式のグループでは、グループメンバーの中から出てきたテーマの中か

集団絵画療法　89

ら、話し合いによってテーマを決める。参加者は自分の抱えている問題を洞察できるレベルの人が対象となる。具体的には、神経症レベル以上の患者のグループ、スタッフのトレーニング・グループ、一般の人の自己探求のためのグループに適用できる。

〔例３〕一般の人の自己探求グループ

　ここに挙げる例は、集団絵画療法を通して自分の内面を見つめ、自己発見と癒しの体験を求めていくグループで、参加者はさまざまな職種、性別、年齢の一般の人々からなっている。これは全10回のクローズドグループで、２週間に一度セッションを行っており、次に示すのはその７回目のセッションの例である。この日の参加メンバーはリーダーを入れて９名。

　集まってきた順に、椅子を円陣に並べて座った（図４）。はじめに、この２週間はどうであったか、今の気持ちはどんな風か、ということを順番に話していきながらセッションをスタートした。途中何人かが、仕事が変わることへの不安、娘が大人として巣立っていく不安、寝たきりの親を抱え、これから先の不安などを述べたため、話し合いで「不安のイメージ」をテーマにして絵を描

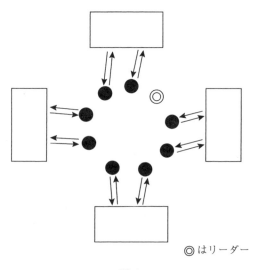

◎はリーダー

図４

くことにした。

　はじめに、壁に付けたテーブルに一人ひとり向かってテーマから思い浮かぶイメージを自由な描き方で描いていった。全員完成した時点で、元のように円座を作って集まり、足もとに描いた絵を相手に見える向きに置いていき、お互いの絵を見ながら話し合いを行った。

　O氏は大きな目を1つ描き、それは幼少時に両親が働いていたために祖父母の家に預けられ、その時に高熱を出して寝込んだ時に天井に見たイメージだと言う。それを聞いたFさんは、自分も両親が離婚し、母親が働きに出ていたため鍵っ子で寂しかったこと、自分の描いた空っぽの部屋のイメージはそこから来ているのかもしれない、などとコメントする。そこでリーダーが「その絵について説明してもらえますか？」と聞くと、Fさんは「これは以前見た映画で目に焼きついてるシーンを描いたんですけど、絵に描いてみると、母親の帰りを待ってよく一人遊びをしていた部屋に似てるのに気がつきました」と述べる。そしてその時の自分の気持ちについて話し始めた。すると10代後半の娘をもっているTさんが、自分自身もFさんの話を聞いていて幼少時の似たような経験を思い出し、娘が自立してきていることに対する今の自分の不安は、自分の幼少期のこの体験と何か関係があるかもしれないと述べた。

　このように、このグループでは描いた絵を媒介にして活発なやり取りが行われ、その過程で参加者は、自分だけがもっていると思っていた体験や感情が、実は自分だけのものではなかったことに気づくという体験をした。そして、それがお互いへの共感と自分自身への新たな気づきへと展開していった。これは参加者の一人ひとりが安心でき、守られていると感じられるグループ環境があるからこそ可能だったのであり、それは同じメンバーでグループの回を重ねることによって成長していったグループプロセスの結果である。


## おわりに

　集団絵画療法の活動範囲は、実にさまざまな領域で多様な目的で広がっている。それらの形式の違いについて〈作品創造〉と〈言語交流〉の二極をもった軸を中心に、実例を挙げながら説明を行った。

集団絵画療法　91

概して病状が重いグループでは、参加者の言語化能力が低いため必然的にう
まい下手を問わない〈作品創造〉のほうに傾き、その構造も出入りが自由なオ
ープングループにならざるを得ない。つまり〈作品創造―言語交流〉の軸と〈オ
ープン―クローズド〉の軸が重なる部分が多い。しかしながら、そうでない一
般の人々に行う集団絵画療法では必ずしもこの2つの軸の方向性は対応してい
ない。たとえばゲシュタルト・アートグループやイメージワークを通しての集
団絵画療法などでは、クローズドのグループで行われるが、言語交流よりもむ
しろ作品の制作プロセスを通して深い気づきや洞察がもたらされる。

　ここでは紙面の都合上、グループの違いによって考慮しなければならない描
画材料や素材の選択について詳しく述べることができなかったが、それらはグ
ループの構造と密接な関係があり、そのグループがこれらの2つの軸のどのあ
たりに位置するかによっておのずから決まってくる。繰り返しになるが、これ
らはすべてグループ参加者の治療目標やゴールから決められるべきものである。

[PART・2] 芸術療法とその技法

# 8　コラージュ療法とその展開

入江　茂

## コラージュとは

コラージュ（collage：糊付け・膠付け、寄せ集め）とは、coller（糊で物をくっつける、思想や現実に密着する）というフランス語の動詞から作られた美術用語である。それが、画面に布や紙、新聞紙などの雑多な素材や切れ端をレイアウトして貼りつける表現技法、貼られた絵そのものを示す言葉となった。今日では、「コラージュする、コラ」といった用法もみられ、「切り貼りして何かを作る」イメージで気軽に使われている。

絵画の歴史の中でのコラージュには、これまでしばしば強調され語られてきた2つの流れがある。1つは、ピカソ（Picasso, P., 1881-1973）とブラック（Braque, G., 1882-1963）のキュビスム（cubism・立体派）と呼ばれ「立体と平面の探求」がなされた時期において、パピエ・コレ（papier collé, 貼り絵）とともに1913年頃発案されたものである。キュビスム以前では、まずセザンヌ（Cézanne, P., 1839-1906）が遠近法を探求し「自然においては、全てのものは、球と円錐と円筒に従って形作られている」と考えた。その後の展開において、キュビスムでは立体のものをいかに平面に移行させることが可能かという複数の視点からみた構図の統合の試みが行われた。

もう一方のドイツの画家エルンスト（Ernst, M., 1891-1976）は、1919年頃に、相互に関係のない既製の図柄を組み合わせることで独自のコラージュの手法を創った。さらに、フロッタージュやデカルコマニーなどの斬新な絵画の技法を

コラージュ療法とその展開　93

考案し、版画や彫刻作品のみならず『百頭女』(1929)、『カルメル修道会に入ろうとしたある少女の夢』(1930)、『慈善週間』(1934) というコラージュ・ロマン (collage roman・コラージュ小説) 三部作の新しい文学・美術のジャンルを開いた。彼には、シュルレアリスム (surrealism・超現実主義) の芸術家たちとの交流が背景にあったが、要点は、「異質なものの出会い」という、すぐ隣にある切り抜き相互の関係性の違いにある。ここでは、シュルレアリストのバイブルとされているロートレアモン伯爵の『マルドロールの歌』の中の「ミシンと洋傘との手術台の上の出逢いのように美しい」という有名な一節が連想される。

　両者とも同じ「コラージュ (collage)」という名前の技法であり、美術史上、画期的、革命的とされているが、当初は原理の全く異なる発想からなるため、内容的には別のものといった扱いがなされてきた。キャンバスに貼られた2つの切り抜きの関係をイメージした場合、キュビスムのコラージュでは「同質のもの」に対して、シュルレアリスムでは「異質なもの」と考えることが可能である。それらの2つの流れが、時代の変遷とともにしだいに混在するに至り、多種多様の応用がなされてきた。現在、広告やポスター、雑誌の表紙などをよく見てみると、写真や文字が巧妙に配置、構成されて作られており、すでにコラージュの技法が応用、確立されていることがわかる。それらの表現の手法は、現代の文化には欠かせない一つのジャンルになっているのではないかと思われる。

　コラージュ療法は、それらのコラージュの特性を応用し、絵画療法と箱庭療法の治療構造を基礎に発想された芸術療法の一技法であるが、その成立の背景には、現代の社会文化の変化との関係が深いことが想定される。

## 黎明期のコラージュ療法

　現在 PubMed で検索できるコラージュ療法関連の最も古い論文は Prodan, S. の The therapeutic collage (1959) であり、これは精神科における看護分野での報告であった。1960年代の論文は見当たらなかったが、70年代にはいると報告が増えている。1970年にアメリカ・イリノイ州シカゴのリプキン (Stanley

Lipkin）の論文である。彼は『心理療法——理論・研究・実践』誌に「想像上のコラージュとその心理療法における利用」と題する論文を寄稿した。われわれの言う雑誌などの切り抜きをもとにするコラージュ技法をテーマにしたもので一番早期のものは、1972年の『アメリカ作業療法誌』に掲載された Buck & Provancher による「評価技法としてのマガジン・ピクチャー・コラージュ」と題する論文である。アメリカでのコラージュ技法の臨床場面への初期の応用は作業療法士が多かったが、後にアートセラピストたちの発表が増加していった。

## 美術家によるコラージュ技法の探索とアメリカのランドガーテン、ドイツにおけるコラージュ療法の開発

国内では、美術教師で愛育心理研究会会員の吉田きみ子（公子）により、愛育心理研究会において1977年頃からコラージュの研修会が行われていた。彼女は、1981年に「コラージュによる自己発見（いま親と子は）」を発表した。さらに、『絵に見る子どものサイン』（1985）では、コラージュに関して美術家の立場から詳しく記載している。

80年代に入って Landgarten, H.B. の Clinical Art Therapy（1981）が出版された。これはアートセラピーの教科書的存在で、コラージュを導入した事例がいくつか掲載されている。Landgarten は多文化社会のアメリカでは白人の画像を用いた TAT には限界があると考え、コラージュの使用を思いついた。1993年に「Magazine Photo Collage」を出版した。これは多文化社会にふさわしい評価法と処置の開発であると言える。

ドイツの画家・心理療法家である Charlotte Kollmorgen は、Collagen Therapie（コラージュ療法）を自身で開発し、ドイツにおいて普及している。金丸隆太（茨城大学）は Kollmorgen との交流があり、彼女がコラージュ療法を着想するに至ったプロセスを詳しく聞くことができた。ここに金丸によるその概要を引用する。「彼女のコラージュ療法の歴史は1980年まで遡る。この年、ドイツの Wannsee にある病院にて "Art in Hospital" というテーマで個展を開いていた彼女は、その病院内で医者と患者がリハビリテーションの一環として

リノカットを作っているのを見た。動脈硬化を患っていたその患者にとって、リノカットの作成は負担なのではと彼女は考え、むしろ心臓病の患者はプレッシャーからの解放が必要だと直感した。翌1981年に早速彼女は医者の許可をもらい、同病院で心臓病患者のリハビリテーションとして、コラージュ療法を開始した。彼女の考えでは患者にとって芸術的な創造活動は大切だが、それはリノカットや油絵のように手先の器用さを必要とし、緊張する作業であってはいけなかった。むしろ緊張から解放されるような芸術活動が効果的であり、ここから着想したのがコラージュ療法だった。1981年のドイツの病院でのこの画期的な取り組みは、1982年12月12日発行された"Ärzte Zeitung"（ドイツの医療関係者向け新聞）に掲載されている。

「Kollmorgenにとって、雑誌から写真などを切り離す行為が、治療上必要であった。はさみで切る行為により、緊張状態を緩和することこそ治療の中心だったわけである。」


## コラージュ療法の発想とその成立

ところで、これまでのコラージュ療法の急速な展開は、確かな必然性があるように思われる。芸術療法の分野では、現在、絵画や箱庭の限界を相互に補うもののひとつとして評価されてきたが、当初の段階ではコラージュ技法は集団絵画療法の一部として導入されていたが、継続して対個人の面接場面には治療として用いられることはなかった。そんな中、臨床現場では、それぞれの治療者の個性のもとに、従来の技法が応用され、用いられている。ときには、医療や心理療法に携わる多忙な日々の中で、むしろ自然発生的に新しい技法を思いつくことがある。そのような時期に絵画や箱庭療法を積極的に用いていた治療者たちが、お互いに異なる経緯であったが、絵画や箱庭の技法からコラージュへとの発想がなされたのである。

森谷寛之（当時愛知医科大学、現在京都文教大学名誉教授）は、1987年5月に友人男性と「箱庭の設備のない場所でも箱庭を使えるにはどうしたらよいのか、持ち運び可能な箱庭が作れないものか」という雑談をしていてコラージュ技法の発想に結びついた。同年12月には、この技法の概要を「心理療法におけるコ

ラージュ（切り貼り遊び）の利用」として東海精神神経学会にて報告している。一方の杉浦京子（当時早稲田大学、現在アーツセラピー研究所）の場合は、二段階の発想の積み重ねからなる。まず、高校時代から草月流の生け花を習っていた彼女は、1988年（杉浦は3冊の書籍に1987年と書いたが、のちに1988年であったと訂正している）の1月から3月の生け花の師範の研究会で、造形感覚を磨く目的で「自己を見つめる」という課題でのコラージュ制作を自ら体験した。そこで、コラージュに自己治療的なカタルシスの力があることを実感し、その後まもなく、不登校の女子高校生の心理療法への単発的なコラージュ技法としての導入へと結びつけていた。そのような中で、同年6月にユング心理学者秋山さと子の市川房枝記念会婦選会館での箱庭についての講義の質疑において、ある女性の質問に対して「箱庭療法というのは、絵画の世界でいえば、コラージュだと思います」という応答の言葉に出会い、それが大きな後押しとなった。その会話をしっかり受けとめた彼女は、先のコラージュ技法を継続して用いるコラージュ療法としての発案へと至ったわけである。

　杉浦に私との共同研究をすすめてくれた秋山は、文化人類学者レヴィ＝ストロース（Lévi-Strauss, C.）の「神話的思考」の考え方が重要であることを、すでに箱庭作品の制作過程との関連において繰り返し強調していた。秋山氏には箱庭療法をブリコラージュで考察した2つの論考がある。1982年の論考では、生け花もブリコラージュだと指摘している。1985年の「ブリコラージュ・詩・箱庭療法」では「箱庭療法は、科学的思考とは別なブリコラージュ的考え方」と述べ、コラージュについてはレヴィ・ストロースの考え方をあげ「コラージュという美術の一分野も、ブリコラージュを鑑賞目的の領域に移したもの」と記している。以下に名著『野生の思考』から要約して紹介したい。

　「ありあわせの道具や材料を用いて自分の手でものを作るという、ブリコラージュ（bricolage：器用仕事）という活動形態がある（日常的な用語としては「日曜大工」のような意味である）。神話的思考（pensée mythique）とは、いわば一種の知的な器用仕事である。その仕事をするブリコルール（器用人）は、くろうととは違って、そのときまで集めて持っている道具や材料と一種の対話を交わし、与えられている問題に対して出しうる可能な回答をすべて並べ出したのち、その中から採用すべきものを選ぶ。また、彼は、ものと「語る」だけでな

く、ものを使って限られた可能性の中で選択を行うことによって、作者の性格と人生を語り、自分自身のなにがしかを作品に残すのである。」

　これらの内容は、箱庭ばかりでなく絵画、ブロック、コラージュなどの造形作品の制作に際しても共通する考え方であると思われる。ここでいう「ありあわせの道具や材料」として治療者側が何を用意するかが、技法を確かなものにするための鍵となる。なお、そのレヴィ＝ストロースが実際にブルトン（Breton, A）やエルンストらのシュルレアリストとの親交があり、『野生の思考』を書くにあたってエルンストのコラージュの技法からの影響を与えられたこと、およそ関係なさそうなものを比べてみることを恐れなくなったことなどをエリボンとの対談『遠近の回想』の中で述懐している。先に解説した絵画の歴史にあてはめると、森谷が「キュビスム的（箱庭という立体的世界を平面化された絵画としてとらえる）」であるのに対して、杉浦・秋山の考え方は「エルンスト的（フロッタージュなど紙の裏面をも利用するなどの応用のあり方を含め、絵画としてのコラージュを箱庭的に立体化させて理解する）」なのではないかと思う。なお、後に紙面の裏の問題（入江、近喰）に関しても言及するが、コラージュ作品では人間の心の奥底にある心理や病理の総合された世界がみごとに表と裏とに分離されて表現されることもある。

　ともかくその両者が、1989年11月の第21回日本芸術療法学会（京都）のお互いの報告を介して初めて出会うことになる。森谷は、コラージュ・ボックス法（演題「心理療法におけるコラージュの利用」コラージュ・ボックス法に関しては後述）、杉浦・入江はマガジン・ピクチャー・コラージュ法（演題「コラージュ療法の試み」マガジン・ピクチャー・コラージュ法については後述）を用いていたが、台紙の大きさや方法は異なるものの、共通した考えに支えられていた。発表者たちが互いに驚き、フロアの諸先生方へのインパクトも大きく熱のこもった討議がなされた。ことに、大森健一（当時、獨協医科大学）と山中康裕（当時、京都大学）の両氏からの質問が注目された。大森は、西丸四方氏の精神医学のテキストに既に統合失調症の患者さんが「文字や絵の切り貼り作品」を自慢げに他者に見せる写真が掲載されていることを指摘された。山中（1986年）は、ある女性の絵画療法の途中で患者自らダ・ヴィンチなどの絵を高価な画集から切り抜き・貼り付けをし、絵画として持参した。その事例に接し、以来山中本人の自己治

療のためにかなり多数のコラージュを残しているとコメントした。この様に、患者・クライエントが自発的に「切り貼り絵・コラージュ」を作成していることに気づかされた。

　その後すでに約30年が経過しているが、入門書（『コラージュ療法入門』『体験コラージュ療法』『コラージュ療法―基礎的研究と実際』など）の出版に始まり、研究者たちの情報交換の場となる研究会（東京コラージュ療法研究会；1992年4月より、東海コラージュ療法研究会；1992年5月より、徳島箱庭・コラージュ療法研究会；1994年12月より、広島コラージュ療法研究会；1999年5月より、京都文教コラージュ療法研究会；2001年7月より、九州コラージュ研究会；2001年10月より、など）や諸々の分野での学会報告（1991年より毎年の日本心理臨床学会の自主シンポジウムをはじめ、学生相談学会、心身医学会、精神衛生学会、犯罪心理学会、精神科看護学会など）やセミナーやワークショップなどの開催が行われ、解説書、訳書（『マガジン・フォト・コラージュ』など）、学会誌の総説などが発刊された。後に述べるように、各々の実践者による諸技法が開発され、各地にてさらなる展開を迎え現在に至っている。ことに2009年からは、森谷寛之氏により年1回の日本コラージュ療法学会が設立されたことは特筆に値する。昨今実践している治療者たちは、適宜絵画療法やブロックなどの造形技法その他と併行して適用している場合が多いようである。いずれにしても、学生相談などの心理臨床分野やデイケアなどの精神科臨床場面、心身医学・家族療法などの領域から犯罪心理学関係の矯正施設等での適用、アルツハイマー型認知症などのリハビリテーションや予防、ターミナルケアやグリーフケアの現場など多岐にわたる分野においての治療実績が評価されている。


## コラージュ表現の諸技法の導入と適用について

　特に決められた方法はないが、コラージュ制作を介した心理療法〔コラージュ療法〕を継続して導入するには、一定の基本となる治療構造が必要である。台紙の大きさは、治療者とクライエントが適宜選択できるように、A4、B4、八つ切り（27×38cm四方）、四つ切り（38×54cm四方）などの画用紙を準備しておく。基本は白であるが、色画用紙を用いて適宜工夫し、寒暖色などの色彩

による鎮静化や賦活などのため使用することにより、治療的な働きかけをすることができる。切り抜きの材料となるものも一定の基準はないが、雑誌やカタログ、新聞の中の記事や折り込まれている広告、旅行代理店のパンフレット、近作映画のチラシなどの中にクライエントのイメージを喚起する内容が多々含まれている。材料となる雑誌は、対象者の年齢や男女の違い、趣味の内容などに応じて準備しておく必要がある。絵画的な描線をつけ加えることもあるため、適宜クレヨン、色鉛筆、サインペンなども用意しておく。糊とハサミは、グループで用いる際は人数分必要である。切り抜きは、必要に応じて手やカッター（リストカット歴等の危険性のあるケースでは用いない）で切ってもよく、セロハンテープやホチキスでとめてもよい。児童の遊戯療法に用いるのであれば、サンドプレイ（Sand play：箱庭療法・砂遊び）にならって、コラージュ・プレイ（Collage play：切り貼り遊び）とでも呼ぶ感じがよい。

　以下の(1)、(2)を基本として現場の需要に合わせてさまざまな用い方がなされている。作品制作の後、タイトルを付けてもらうと主題が明確となり作品の意図がわかることが多い。(1)、(2)とも絵画療法での自由画に相当するが、経過の中で治療者がクライエントの状態に合わせた課題を出すこともある。いずれにしても、全体の治療過程とクライエントの病像において、ごく自然な流れの中でコラージュ技法を導入するとよい。言葉での交流とは別の次元でのイメージを介した対話が必要であるとき、治療者が適応をしっかり選んだ上での適用が肝要である。


## (1) マガジン・ピクチャー・コラージュ法

　雑誌やチラシなどをたくさん治療者が用意しておくが、面接時にクライエントの身近にある雑誌を2、3冊持参してもらえるとよい。クライエントは雑誌をめくりながら、自分のイメージに合ったところを好きな形に切り抜き、レイアウトし貼り付ける。以下のコラージュ・ボックス法に比べると、切り抜きの選択に際して偶然性がより関与することになるが雑誌などの素材の内容にバランスを考えておけば問題はない。また、次のボックス法との併用も可能であり、治療をすすめていくうちに形が整うことが多い。

(2) コラージュ・ボックス法

　治療者があらかじめ切り抜いておいた多数の切り抜きを、適当な大きさの「箱（ボックス）」に用意しておく。その際の切り抜きは大まかな形でよく、クライエントがそれらを一覧できるように準備、設定をする。枚数にきまりはないが、できるだけ多種多様な種類のものがあると、クライエントのイメージに応じた作品制作が可能となる。人物（Landgarten, H.B. は、《人物群》と《様々な雑多なもの》に二分している）、動物、植物、乗り物、建物、風景、室内の物、食べ物、人が身につける衣類、装飾品などがあるが、選ぶのは各々の治療者である。その他として、ぬいぐるみ、人気者のキャラクターなどもクライエントの表現のための材料となる。臨床現場にもより異なるであろうし、かつこの技法を用いる治療者の数だけコラージュ・ボックスがあると考えればよい。面接の初期ではつらいや悲しいなどの同調の言葉が必要だが、最終的には「あなたの探し物はきっとみつかる」「これが私の生きる道」「ゴールへ導く力」「自分探しツアーに出よう！」などの肯定的で前向きなメッセージ性をもった標語やキャッチフレーズなどがあるとよい。

　クライエントには、それらの中から興味のある切り抜きを選びとり、全体のイメージを構成しながらそれらを自由に配置し、決まったところで台紙に貼りつけてもらう。治療者は、クライエントの探しているものがあれば一緒に手伝うし、クライエントの制作中に雑誌などから新しく切り抜きを集めてもよい。

(3) 自宅制作法

　ａ．まず、作成の手順を説明した上で、クライエントの自宅などでの時間を30分や40分などと無理のないコラージュ制作の場所と時間を決めてハサミと糊や雑誌などの素材の準備をしていただく。次回の面接時に持参する治療やリハビリテーションとしての制作であることを伝え、あらかじめ制作時は携帯電話はマナーモードにするなどの配慮をすることもある。

　ｂ．面接場面での制作と自宅などでの制作の違い：池田満寿夫によると、コラージュ制作の過程は「切抜きは絵の上を自由に移動できる。何度も移動した結果、決定的な場所が決まる。そこで切抜きは糊づけされる」とまとめられている。自宅制作法では、この切り抜きの場所の決定、糊づけまでの過程の間の、

クライエントが何をどのような思いによって切り抜き、固定したのか等を治療者が思い巡らすことが大切であると思う。

　c.「母子相互法（杉浦京子）」：a.を応用したものとして、不登校の児童の母親面接の場合などに、クライエントと母親が自宅などの場所を設定して一緒に別々のコラージュを作り、母親の面接時に作品を持参することでの治療効果が期待できる。従来から行われてきた母親のみの来談によるカウンセリングの応用であり、母子のコラージュ作品を介して母子関係などの理解をより深めることが可能となる。なお、近喰は、家族療法的アプローチを行っている。

### (4)「同時制作法（杉浦京子）」

　治療者も一緒に個々に面接場面でコラージュを作成する方法である。その場合、治療者は自身の作品を制作しながらクライエントとの面接時間を共有しサポートするので、サリヴァン, H. S.のいう「関与しながらの観察」としての治療者患者相互の関係性の結果が後に作品を振り返る際などに役立つものと思われる。これらの視点は、高江洲義英らの絵画療法から得られた見解である慢性統合失調症者における「均衡・近接・離反」などの人間関係のあり方を示す『間合い』の考え方とも関連があり今後の研究が期待される。

### (5) 集団での制作

　病院や診療所、保健所、支援センターなどで行われている社会復帰の場としてのデイケア等の活動の場では、おもに集団のレクリエーションとして、老年期の認知症や心身障害者の施設などにおいては機能回復のためのリハビリテーションとして、スタッフの関与のもとにコラージュ制作がグループに適用されている。模造紙等の大きな台紙を使って、皆でひとつの課題作品（花火や秋祭りなど、ちぎり絵等で大きな作品が出来上がる）に取り組むことにより集団力動のあり方を確認できることもある。対個人の場合と異なり、グループ全体の動きにスタッフがどのように関わっていくかが要点のひとつとなる。

### (6) その他の応用

　a.「裏コラージュ」（入江　茂、近喰ふじ子）：台紙の裏に切り抜きを貼るこ

とについての取り扱いの問題である。クライエントの作品を理解するための工夫として、筆者・入江は同時制作法において貼られずに残された自分自身の切り抜きを裏に貼るなどして作品制作のセッションの背後に隠された意味を読み取ることができることを『コラージュ療法入門』で指摘した。近喰は、気管支喘息児のサマースクールでの集団でのコラージュ制作において裏にも多数切り貼りがなされたことから、表の面のみでは表わしきれなかった内的な退行的メッセージ等が裏面の内容へと映し出されている可能性を示唆した。

　b．「家族コラージュ法」、「合同法」（近喰ふじ子）：小児科病棟のベッドサイドなどで、喘息などの小児の心身症のクライエントを対象にコラージュ・ボックス法を用いての制作をする。ときには、家族が来院した際に一枚のコラージュに患児と一緒に作ってもらう等の家族療法的アプローチが可能であり、緊迫した家族力動を緩和できることがある。さらに治療者がそれらの制作に加わる場合が「合同法」である。

　c．「大コラージュ・ボックス法」（岡田　敦）：統合失調症者を対象として考案され、コラージュ・ボックス法本来の携帯性にこだわらない箱庭療法用具に準じた「据え置き型」の技法である。切り抜きやキャプション（短いキャッチフレーズなど）を多数準備する必要があるが、治療者・クライエントが共に安心して使えるよう工夫されている。言語化の困難な状態の患者や児童青年期のクライエントなどにも適していると思われる。

　d．「訪問面接におけるコラージュ療法の利用」（下山寿子）：引きこもりのクライエントに対して、治療者が「訪問面接」をした際にクライエントとコラージュの作成を試みるなど、さまざまな場面設定が可能である。


## 絵画や箱庭の作品とコラージュ作品の違いと共通点

　(1)ここで、絵画や箱庭作品の見かたとコラージュ作品のとらえかたの違いについて述べてみたい。両者ともクライエントの内的世界の表現であることに変わりはないが、治療者側から作品をみていく際に大きな違いに気がつく。筆者は、箱庭療法を、砂場という小さな舞台とした〈主人公〉（人物が多いが小動物などの場合もある）を中心とした無言のドラマが展開される遊戯療法的な造形

図1

療法と考えている。箱庭療法過程では、それらのシリーズの中で展開されるさまざまな経過などを見守りながら、ありのままの光景をみていくうちに物語やドラマが読み取れることが多い。

　(2)一例として、中学3年生の不登校男児Aの箱庭作品をとりあげる。はじめの5回は、「海辺の風景、城のある町」「動物園」「T字路のある街」「山小屋」「家とベンチのある庭」といった彼なりの静かな心象風景が続いた。その後の第6回の「赤い橋のある風景」(図1)を制作した頃は、彼の心理的変化とともに家庭環境などの内外においても転機となった時期でもあり、ダイナミックな造形の作品(道と川からなる四隅を対角線とした構成であり、それらが交差する赤い橋の上に緑の服の中年紳士が立つ。右下の金色の五重塔から左上方に向けて赤い鳥居をくぐりぬけ、その赤い橋を渡ると自己像〈主人公〉と思われる緑の帽子の少年が左上の城のそばにいる。全体に散在する木々などの緑も加わり赤と緑の対照が印象的である)が表現された。以降、「インディアンとガンマンの対決」「サファリパーク(キリン、象やライオンなどの猛獣の間を車内から見ながら動くもの)」「戦争(左右二手に分かれたもの)」と戦いのテーマが二度みられた。「サファリ

パーク」は、第2回の「動物園」の展開と思われ、より動物に近接する局面へと変化している。絵画療法過程もこれらの箱庭療法過程に類似した内容的変化や展開がみられるが、画材などの違いによる表現形式の差異の変化をみていくこともある。

(3)コラージュ作品をみていくに際しては、同じモチーフをいくつかに分けて理解していく方法があるので紹介したい。自宅制作法を用いた20歳の心身症の女性Bの事例を挙げながら具体的に説明する。性格は元来几帳面で慎重であり、長期にわたる頭痛、食欲不振を主訴に診療所を受診した。週1回の面接を始めたが、家族関係などの葛藤状況を言語化することが苦手なため、内容が深まらないまま過ぎてしまうことが多かった。そこで、先の自宅制作法によるコラージュ作成を提案した。彼女は興味を示し、次の回から毎週1枚ずつ4回にわたってスケッチ・ブックを台紙にしたコラージュ作品を面接場面に持参した。心理療法の初期に作られた4枚のコラージュの経過のうち2作目（図2）と4作目（図3）を紹介する。

　まず2作目の右側には、調理に使う素材がたくさんある。生のタラコ、鶏肉、車海老、鮭の切り身、焼肉用の牛肉と野菜、小麦粉、マヨネーズなどがある。果実類にオレンジやレモン、キウイ、ミニトマト。大小のフライパンと3種類の鍋。左上に、「注意」を示す大きな交通標識、左下に、「のらくろ」を主人公にした玩具セットの素材。右向きと左向きの自動車が1台ずつ、自転車1台がある。中央やや左下に、手前の横断歩道からずっと遠くまで道路が真直ぐに伸びている。4作目の上部には、和食一式が並ぶ御膳が置かれ、チーズ・フォンデュの料理が準備されている。中央の左下にハンバーガーのセットもあり、その上には小さいが、キーボードと鉢植がある。右下に、食品類を整理するためのおおきな棚、調味料の棚、飲茶の器、三角コーナー、中華鍋。中央やや右には、車のハンドルがあり、下方に大中小4台の自動車がみな左向きに動こうとしている。小さいが、「50キロ制限」の道路標識がある。右端には、女性ものの靴が一足あり、中央やや下に色とりどりの多数のポロシャツが並び、左端に浴衣の女子が右向きに歩いている。左下は、果物屋の軒下ののどかな風景である。以上をまとめると、ⅰ）素材などから調理ができあがる過程、ⅱ）調理棚

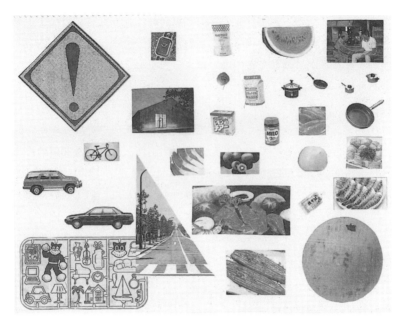

図2

図3

や収納庫などへの整理、iii）衣類や靴を身につけて外出し自ら歩き始める経過、
iv）真直ぐ伸びた道路の存在から、自転車を含め停まっていた車が動きだす過
程などとなる。

　要点は、コラージュ作品の場合、同時進行にて複雑に錯綜しているかのよう
にみえても、〈主人公〉となる人物を中心として多種混在した表現の中で、表
現内容の共通した切り抜きをモチーフごとに取り出しながら経過をみていくと
わかりやすいことである。


　(4)絵画、箱庭、コラージュなどの造形作品に共通して描かれるのは、〈主人公〉
としての人物を軸として、取り巻く自然界の風景やそこに生きる動物たち、乗
物、建物や室内の静物、食べ物などがさまざまな形で登場し変容していくわけ
であるがいくつかの共通点がある。しばしば指摘されるのは、治療経過の中で
転換期にみられる先の(2)の事例Ａの第6回の構図に類似した表現である。岡田
は「中心化」と呼んでおり、コラージュ表現においても同様に認められている。
また、治療過程全般において、クライエントの周囲の外的空間の拡がりと同時
に人物表現を主体としたクライエントの内的世界の深化と広がりが読み取れる
ことが多い。しばしば、こころの空間をイメージで捉えてみると、その方向は、
前後・左右・上下の六方向を軸として外へ外へと開かれていく（例えば、上下
の軸に音楽、左右の軸に文学、前後の軸に絵画を置いて立体化してみると芸術全体
が想定できる）。コラージュ作品ではそれらの表現に、「時計」（デジタル・アナ
ログ、壁掛け時計・腕時計）などの切り抜きが貼られるなどにより、過去・現在・
未来という時間軸が微妙に関わっていくことも多い。


## おわりに

　重要な情報として、2006年に仏語圏の芸術療法の用語辞典に類した書籍とし
て "L'ART-THÉRAPIE" が編集、発行されており、その中の "COLLAGE" の
項目がある。その項目では、コラージュの方法は精神力動的側面を2つに分け、
対象（オブジェ・切り抜き）を探す段階とアサンブラージュ（assemblage・寄せ
集めること）の段階があると説明している。前者については、芸術療法士がク

コラージュ療法とその展開　107

ライエントに対して対象（オブジェ）の選択を急がせずに自由にイメージの選択を促すことが大切であるなどの指摘がある。次の段階のアサンブラージュの説明の冒頭の部分に杉浦・入江の最初の報告（1990）の英文要約の次の一行が仏訳、引用されている。"One detail can lend meaning to the whole, and conversely the removal of one detail can take away the work's meaning and unity."（作品全体の意味は、部分が総合されて形成されているため、作品から一片の切り抜きを取り除くとそれらの意味や統一性は失われてしまう。）その意味内容を受けて、例えば「街の再構築」といったテーマがコラージュの集団制作に適しており、タピストリーのごとくに個々の存在や居場所が示されるのではないか等の解説がなされている。

　アサンブラージュ（assemblage・寄せ集めること）とは、フランスの画家デュビュッフェがコラージュと区別するために使用された美術用語であり、1961年の「アセンブリッジの芸術展」において定着したものである。また、二次元、三次元を問わず既製品などを寄せ集め作品を制作する方法をいう。デュビュッフェは、幼児や精神障害者などの絵画作品などを「アール・ブリュット（art brut・生の芸術）」と名付けたことで知られる画家であるが、上記の文脈の治療的観点においてはコラージュとアサンブラージュは、美術用語のように明確に分けることが困難であると考えられる。むしろ、絵画、箱庭・コラージュなどの造形療法における治癒機転としては、神話的思考とアサンブラージュの考え方にこそ本質が含まれているのではなかろうか。

　日本古来のグー・チョキ・パーにコラージュを当てはめると、チョキの父性原理、パーの母性原理に対して、グーに思いを巡らすと興味深い。先の"COLLAGE"に倣って、「対象（オブジェ・切り抜き）」や「寄せ集めた塊」と単に決めつけてしまうと深みに欠ける。あるときはコンプレックス、更にあるときは憧れ、ときには作者にしか解らない謎などとクライエントの核心に迫る考えをグルグル巡らせて頂きたい。

〔参考・引用文献〕
青木智子『コラージュ療法の発展的活用─個人面接・グループワークでの事例を中心として』風間書房、2003年

藤井智美『布コラージュ法の世界―回復への途を紡ぐ物語』日本評論社、2018年

藤掛　明「コラージュ技法と非行臨床」『犯罪と非行』110号、128-146頁、1996年

服部令子「コラージュ療法」山中康裕編著『表現療法』161-190頁、ミネルヴァ書房、2003年

池田満寿夫『コラージュ論』白水社、1987年

今村友木子「コラージュ療法の現在」『日本芸術療法学会誌』46巻、15-22頁、2015年

今村友木子・加藤大樹・仁里文美「芸術療法的体験の比較―女子学生の箱庭・コラージュ・ブロック体験」『日本芸術療法学会誌』49巻(2)、64-71頁、2018年

入江　茂「コラージュの治癒力―箱庭療法からの発想とその後」『イマーゴ』7巻、138-143頁、1996年

入江　茂「コラージュ療法の起源問題等の終結に向けて（Letter to Editor）」『日本芸術療法学会誌』41巻(1)、84-86頁、2010年（2011年発行）

入江　茂・大森健一「箱庭療法における人物表現」『日本芸術療法学会誌』、21巻、71-80頁、1990年

石崎淳一・杉浦京子「痴呆のコラージュ療法―アルツハイマー病患者のコラージュ表現」『臨床精神医学』30巻、103-111頁、2001年

カルフ，D. M.（河合隼雄監修、大原貢・山中康裕訳）『カルフ箱庭療法』（原著1966年）誠信書房、1972年

金丸隆太「コラージュ療法における「切る」ことの意義」『茨城大学心理臨床研究』4巻、19-22頁、2011年

加藤大樹『ブロックとコラージュの臨床心理学―体験過程と表現特徴』ナカニシヤ出版、2012年

Kollmorgen, C.: *Collagen Therapie: Bildenrische Arbeit mit Herzinfarktpatienten in der Rehabilitationsklinik.* Hans-Huber Verlag, 1989.

近喰ふじ子「（新）家族コラージュ法の相互作用」、『現代のエスプリ（コラージュ療法）』386号、96-101頁、至文堂、1999年

近喰ふじ子「集団芸術療法とコラージュ表現(2)―喘息サマースクールでの『裏コラージュ』表現と表現分析との関係」『東京家政大学紀要』第40集(1)、211-217頁、2000年

近喰ふじ子『芸術カウンセリング』駿河台出版社、2002年

近喰ふじ子・森由美子・植木麻里子ほか「高校生におけるコラージュ表現からの自己像の要因に関わる検討」『子どもの心とからだ』19号、159-166頁、2010年

近喰ふじ子・山本映子・野村幸子「小・中学生におけるコラージュ表現からみた性差と発達」『子どもの心とからだ』17号、54-64頁、2008年

近喰ふじ子、若葉陽子、吾郷晋浩「コラージュ療法の『合同法』において展開された『裏コラージュ』制作行為の意味」『日本芸術療法学会誌』34巻2号、14-22頁、2005年

Landgarten, Helen B.: *Magazine Photo Collage: a multicultural assessment and treatment technique.*（近喰ふじ子・森谷寛之・杉浦京子・入江 茂・服部令子訳）『マ

ガジン・フォト・コラージュ─心理査定と治療技法』誠信書房、2003年

レヴィ゠ストロース（大橋保夫訳）『野生の思考』（原著1962年）みすず書房、1976年

レヴィ゠ストロース／エリボン（竹内信夫訳）『遠近の回想』（原著1988年）、みすず書房、1991年

マックス・エルンスト（巖谷國士訳）『百頭女』（原著1929年）河出文庫、1996年

マックス・エルンスト（巖谷國士訳）『カルメル修道会に入ろうとしたある少女の夢』（原著1930年）河出文庫、1996年

マックス・エルンスト（巖谷國士訳）『慈善週間または七大元素』（原著1934年）河出文庫、1997年

宮本奈美子・山本映子・木島ほづみほか「認知症高齢者への非薬物療法としてのコラージュ療法の効果─音楽療法との併用による」『人間と科学・県立広島大学保健福祉学部誌』8巻(1)、145-155頁、2008年

森谷寛之「心理療法におけるコラージュ（切り貼り遊び）の利用─砂遊び・箱庭・コラージュ」『日本芸術療法学会誌』21巻、27-37頁、1990年

森谷寛之『子どものアートセラピー─箱庭・描画・コラージュ』金剛出版、1995年

森谷寛之「入江氏レターに対するコメント（Letter to Editor）」『日本芸術療法学会誌』42巻(1)、102-104頁、2011年（2012年発行）

森谷寛之『コラージュ療法実践の手引き─その起源からアセスメントまで』金剛出版、2012年

森谷寛之・杉浦京子編『現代のエスプリ（コラージュ療法）』386号、至文堂、1999年

森谷寛之・杉浦京子・入江茂・山中康裕編『コラージュ療法入門』創元社、1993年

西丸四方『精神医学入門』南山堂、1949年

緒方一子「コラージュ療法」『産業カウンセリングハンドブック（日本産業カウンセリング学会監修)』409-412頁、2000年

岡田　敦「『大コラージュ・ボックス法』の実際」、『現代のエスプリ（コラージュ療法）』386号、78-83頁、至文堂、1999年

岡田　敦「表現療法」成田義弘編『心理療法の実践』164-180頁、北樹出版、2004年

Prodan, S.: *the therapeutic collage*. The American Journal of Nursing, Vol.59, No.9, 1288-1289, 1959.

Dr Jean Rodriguez, Geoffroy Troll: *L'ART-THÉRAPIE-pratiques, techniques et concepts* (Manuel alphabétique). 80-84, ellébore, 2006.

佐藤善久・青木智子・土井勝幸ほか「痴呆性高齢者の生活習慣と活動状況の関連性その2─痴呆性高齢者へのコラージュ療法の試み」『研究年報 Annual Report 2001』No2、123-135頁、高齢者痴呆介護研究・研修仙台センター、2001年

下山寿子「訪問面接におけるコラージュ療法の利用」『現代のエスプリ（コラージュ療法）』386号、194-202頁、至文堂、1999年

杉浦京子「学生相談におけるコラージュ療法の試み」『早稲田大学（平成元年度）学生相談センター報告書』33-41頁、1990年

杉浦京子『コラージュ療法─基礎的研究と実際』川島書店、1994年

杉浦京子「コラージュ療法の理論と実際」（徳田良仁・大森健一・飯森眞喜雄・中井久夫・山中康裕監修）『芸術療法2　実践編』46-56頁、1998年

杉浦京子「コラージュの起源について（Letter to Editor）」『日本芸術療法学会誌』38巻(2)、63-65頁、2007年（2009年発行）

杉浦京子「芸術療法とカウンセリング」四天王寺監修『四天王寺カウンセリング講座8』29-60頁、創元社、2008年

杉浦京子・入江　茂「コラージュ療法の試み」『日本芸術療法学会誌』、21巻、38-45頁、1990年

杉浦京子・北村　伸・石井知香・根本留美・若松直樹・武者利光・南　史朗・川並汪一・野村俊明・坂田由美子・高田ゆり子「軽度アルツハイマー患者の個人コラージュ療法：効果と認知機能」『認知症の街ぐるみプロジェクト─街ぐるみ認知症相談センター10周年　業績集』50-54頁、日本医科大学街ぐるみ認知症相談センター、2017年

杉浦京子・森谷寛之・入江茂・服部令子・近喰ふじ子『体験コラージュ療法』山王出版、1992年

Y. Takaésu: *The Application of Art Therapy to Schizophrenic Patients ─ especially from the viewpoint of their "Ma-ai" disturbance ─*. Japanese Bulletin of Art Therapy, Vol.10, 55-59, 1979.

高江洲義英「慢性分裂病者の人物画と『間合い』」『日本芸術療法学会誌』6巻、15-21頁、1975年

高江洲義英・入江　茂編『コラージュ療法・造形療法』岩崎学術出版社、2004年

高江洲義英・高江洲田鶴子・吉田正子ほか「精神分裂病者の風景画と『間合い』」『日本芸術療法学会誌』7巻、7-16頁、1976年

高江洲義英・高江洲田鶴子・吉田正子ほか「慢性分裂病者への絵画療法の場における『間合い』」『日本芸術療法学会誌』8巻、7-16頁、1977年

山本映子『コラージュを聴く─対人援助としてのコラージュ療法』すぴか書房、2011年

山中康裕「系統的精神療法─分析心理療法（ユング派）〈精神療法による自己実現〉」吉松和哉編集企画、島薗安雄・保崎秀夫編集主幹『精神療法の実際〈精神科 MOOK No.15〉』23-33頁、1986年

吉田きみ子「絵画と子供の成長」『愛育心理研究』第2号、42頁、1977年

吉田きみ子「コラージュによる自己発見（いま親と子は）」『愛育心理研究』第6号、58-65頁、1981年

吉田きみ子『絵に見る子どものサイン』文化書房博文社、1985年

[PART・2] 芸術療法とその技法

# 9 箱庭療法

弘中正美

## 一表現技法としての箱庭療法

　砂を入れた木箱のなかにミニチュア玩具を置いて、自由に何かを作ってみる。こころのなかに浮かぶ風景であったり、お伽話の世界であったり、感情の流れを具象化したものであったりする。このように、砂箱とミニチュア玩具を用いて、自分のこころのなかに浮かぶイメージを自由に表現することを通じて行う心理治療の方法を箱庭療法という。

　箱庭療法は、心理療法のなかの一表現技法である。一表現技法という意味は、箱庭療法がそれだけによって心理治療を推し進める一貫した治療システムをもっているわけではないことを意味している。たとえば、ことば主体の面接をやっていて、クライエントがことばでは自分の内的な状態を適切に伝えることができなくなって行き詰まったとき、「ことばによらないで表現する、こんな方法もありますが」と治療者が勧めてみる。あるいは、子どもを対象とした遊戯療法のなかで、子どもにとっては遊びのひとつ（造形遊び）として箱庭作品が作られる。

　このように、クライエントの状態、心理面接のプロセスに応じて、臨機応変に行われるのが箱庭療法の本来の姿である。「箱庭療法で不登校が治ると聞きましたが、うちの子にもぜひ箱庭療法をやって治してください」という発想は、箱庭療法に対する誤解に基づいている。

箱庭療法　113

## 箱庭療法を行うための用具

　箱庭療法に必要な用具は、砂を入れた木箱と多種多様なミニチュア玩具である。木箱の大きさは、内法が横72×奥行57×深さ7（センチメートル）である。箱の内側は水色に塗ってあり、砂を掘ると水の感じが出るようになっている。砂は、触ったときの感触がよく、少し水で湿らせるとしっかりと固まって山などを作りやすいものであればよい。ゴミや小さい石、ガラス片などが混じらないように、よく管理することも大切である。

　ミニチュアは、それらを砂箱のなかに置くことによって視覚的なイメージ表現をするための材料なので、さまざまな表現が可能なように、実にさまざまなものが用意される。人形、動物、植物、建物、家具、乗り物、宗教的なシンボル等々である。人形には、日常生活的な装いの人形以外に、兵士、インディアン、新郎新婦、王様、お姫さまなど、特殊な性格のものも必要である。ウルトラマンやロボットなどもあるとよい。動物には、恐竜や怪獣などの現実にはいない動物も含められる。大小の石、ビー玉やおはじき、貝、綿なども置いておくと役に立つ（図1）。

　これらの用具は、業者がセットとして販売しているが、かなり高額である。手間暇をかければ、箱も砂も自分で作ったり用意することができる。また、ミニチュア玩具は、本当は治療者自身が時間をかけて少しずつ集めるのが一番よいことである。箱庭療法はテスト法ではなく、公式に決められた専用のミニチュアがあるわけではない。箱庭療法に使えそうなミニチュアを治療者のセンスでこころをこめて集めるのが、むしろ治療的であるのだ。もちろん、一通りの最小限必要な用具を業者を通じて揃えることは、箱庭療法の実践をスタートするときの現実であろう。


## 箱庭療法の実施──準備と導入

　箱庭の用具は、ふつう遊戯療法を行うためのプレイルームに置かれたり、カウンセリングを行うための面接室の一角に置かれたりする。ミニチュア玩具は棚に並べるのが通常である。面接室に置く場合には、ミニチュアの派手な色ど

図1　箱庭療法用具
砂箱と玩具棚。この治療室には二つの砂箱が準備されており、
それぞれ異なる色の砂が入っている。

りが刺激的すぎて、クライエントに影響を与える心配もあるので、ふだんはカーテンなどによって遮蔽しておくのが望ましい。これに比べてプレイルームでは、他にさまざまな玩具・遊具が置いてあるので、箱庭用具だけが刺激的になる心配はない。子どもは箱庭用具を、プレイルームに置かれたさまざまな玩具の一部と見なすであろう。

　砂箱は通常、クライエントの膝と腰の位置の中間程度の高さになるように、適当な台のうえに置かれる。箱庭を準備するときには、砂を若干湿らせた状態にしておく。そのほうが、山を作ったり、砂を掘って川を作ったりするときに崩れることがないからである。しかし、なかには砂が少しでも湿っていると、ベタベタして気持ちが悪いという抵抗感があって、砂に手を触れられない人もある。そのことが分かっていれば、クライエントが作りやすいように、砂を乾いたままの状態にしておけばよいのである。

　箱庭療法への導入は、「砂箱のなかにミニチュアを好きなように置いて、何か作ってみませんか？」という簡単なことばかけによってなされる。大人を対

象とするときには、前述のように、ことばによる面接が行き詰まったときに、
「何かことばを必要としない表現方法を考えてみましょうか」といった方向づ
けをあらかじめ行って、クライエントの了解を得、また箱庭療法に対するクラ
イエントのモティベーションを高めておくことが望ましい。子どもを対象とす
る場合は、箱庭制作もひとつの造形遊びであるので、前述の導入だけで十分で
ある。子どもによっては、治療者が何も言わなくても、砂箱とミニチュア玩具
の有機的関係を直観的に理解して、自発的に作り始めることがあるぐらいであ
る。

## 箱庭療法の実施——箱庭制作中と制作後の治療者の基本姿勢

　クライエントが箱庭を作っている最中は、治療者は原則的に適当な距離（邪
魔にならない程度の、しかしクライエントにとってどこかちゃんと見てもらってい
る感じがする距離）を保って、クライエントを温かく見守る。「そこにあるティ
ッシュペーパーを材料に使ってもよいですか？」などのクライエントの要求に
対しては、原則として許容的・受容的に「好きなようにしてかまいません」と
対応する。治療の場が破壊的になる危険性のあるようなとんでもない要求でな
いかぎりは、原則としてクライエントは、箱庭制作をめぐって主体的に、自由
に振る舞うことができる。
　箱庭制作にかける時間も、原則として自由である。しかし、箱庭療法はあく
までも心理療法の一部として行われるのであるから、とうぜん心理療法の時間
の枠の拘束を受ける。ありがたいことに、多くのクライエントはそれまでの面
接の体験を通じて"時間の枠"のことを理解しているので、箱庭制作にかける
時間もふだんの面接の時間枠に収まるのがふつうである。子どもの場合、残り
５分になって、急に「箱庭を作る！」と言い始めることがある。「今日はもう
時間がないから今度にしよう」と言うのもひとつの対応である。作り終えない
のではないかという治療者の危惧をよそに、子どもは物凄いペースでみごとに
作品を完成してしまうこともある。やはり時間内に完成できないときには、「今
日はそこまでにしておこう」と止めるのが原則である。箱庭療法は、あくまで
治療が目的で、箱庭を作らせることを目的としていない（河合、1975）のであ

るから、あえて治療の時間枠を破る必然性があるかどうかを治療者は厳しく判断しなければならない。箱庭療法を行う治療者は、箱庭作品ができ上がることに、つい関心をもちすぎるので、このあたりの判断が甘くなる危険性がある。

　箱庭作品が完成したあと、治療者はクライエントとともに、作品を眺め、味わう。クライエントが箱庭制作で費やしたエネルギーを労うために、「うーん、できましたねー」「おお！　やりましたねー」などのことばが自然と口をついて出るものである。ひとしきり感心して眺めたあと、クライエントに「これ、どんなところか、少し話してくれますか？」と問う。クライエントによって、細かく説明してくれることもあれば、「動物園」とボソッと言うだけの場合もある。治療者の方から根掘り葉掘り質問しないのが鉄則である。あくまでもクライエントの自発的な説明の範囲に止めておく。もちろん、治療者が解釈を述べることはしない。


## 箱庭作品をめぐるコミュニケーション

　面接場面において治療者が箱庭作品の解釈を行わないのは、そのことがクライエントに強烈な影響を与える可能性があり、それが箱庭療法の自然な流れをそこなう恐れがあるからである。箱庭療法は知的な理解によって進むものではなく、クライエントの内的なイメージが最初は曖昧な状態から次第にまとまり、それに伴って生じる深い情動的体験によって進むものである。それはクライエントにしか分からない体験であるし、体験していてもことばで適切に伝えられるものであるともかぎらない。治療者としては、クライエントにそのような体験の場を与え、またクライエントが適切なことばで自分の体験を語ることができるようになったときに、それを敬虔な態度で聴く役割に徹すべきなのである。

　治療者はクライエントに対して解釈を伝えないが、自分自身のなかでは箱庭作品についてさまざまにイメージを膨らませ、またクライエントの状態像との関連について検討し、作品が意味するものを理解しようと努める。治療者が理解できたことが少しでもクライエントの内的な体験とつながるとき、2人の間で箱庭作品を媒介にしたコミュニケーションが成立すると考えることができる。東山（1994）は、クライエントの作る箱庭作品について治療者の直観が活発に

箱庭療法　117

動きだし、その直観をクライエントにコミュニケートするときに、箱庭療法が2人の共同作業となることを指摘している。それはあからさまなコミュニケーションではないが、箱庭作品に対する2人それぞれの思いが、さりげないことばや態度ににじみ出ることによって引き起こされる共体験的な感覚による伝え合いである。このような治療者との関係が、クライエントの内的体験をより確かなものとし、治療を進行させていくことになるのである。

たとえば、川によって箱庭をふたつの世界に分け、向こう側の世界に渡ることをテーマとしているらしい箱庭作品を繰り返し作るクライエントがいるとする（図2）。治療者としては、「向こうの世界は、この人にとってはどんな世界なのだろうか？」「この人は、向こう側に渡ることができるのだろうか？」といったことを考えながら、クライエントの治療過程に同行する。治療者は決して、「川向こうの世界は、あなたにとって、家庭や家族に縛られない自立的で精神的で創造的なエネルギーに満ちた世界です」とか、「川を渡ることがあなたの課題ですが、どうもあなたにとってそれはかなり苦しい作業になりそうです」などと侵入的に解釈することはない。治療者は、あくまでも自分のなかで

図2　川によって分けられた二つの世界
この川は、流れが速く、崖は険しく、橋も架かっていない。

箱庭に関するイメージを連想的に育み、深めようとする。それは、クライエントの箱庭世界を理解するためのさまざまな仮説を思い描くことでもある。

　川に橋が架かるようで架からなかったり、橋が架かっても誰も橋を渡ろうとしなかったりすると、治療者は居たたまれない無力感を感じる。そして、同じような感情が、実はクライエント自身にも生じているのではないかと想像する。それもひとつの仮説的なイメージであるが、もし実際にクライエントも無力感を感じているとすれば、それは箱庭作品を介して2人の間に生じる共体験に他ならない。そして、あるセッションにおいて、ついに橋が架かり、向こうの世界に人（おそらくクライエントの分身）が渡ったとき、「ああ、とうとう橋を渡ったのですね」という治療者のことばと、「ええ、とうとう渡れたんです」というクライエントのことばのささやかなやりとりのなかには、2人の間で箱庭表現のメタファーを通じて深いレベルのコミュニケーションがなされていたこと、クライエントはずっと治療者によって見守られ、支えられていたこと、そしていま、クライエントは自分のなかで起こっている『向こうの世界に渡った』感激と期待と恐れを生々しく体験していること、そして、その生々しい体験もまた、治療者によって確かに理解されているという思いの、すべてが込められていると言ってよいのである。

## 箱庭表現を理解するポイント

　いま述べた例は、治療者がクライエントの箱庭作品を理解しようとするときのあるべき姿勢を示している。治療者がクライエントの箱庭作品の意味を理解しているとは、文字通り「答え」を知っているということではなく、いくつもの仮説的なイメージによってクライエントの内的体験とつながっていることなのである。そのような潜在的なコミュニケーションのあり方は、心理療法におけるエッセンスのひとつと言ってもよいであろう。いずれにしても、治療者がそのようなレベルにおいてクライエントの箱庭表現を理解していることは、箱庭療法が治療的アプローチとして成り立つための必要条件といえるであろう。

　治療者がクライエントの箱庭表現を理解するための手がかりとして、ふつう次のことが重視されている。その詳細は他の専門書を参照してもらうとして、

箱庭療法　119

ここでは理解のポイントについて簡単に触れておきたい。

### (1) 作品全体から受ける印象を大切にする

細部の表現がどうであるかよりも、ぱっと見たときに、作品全体からどのような印象を受けるかが、作品の理解にとって重要である。たとえば、淋しい、固い、乱雑な、窮屈な印象を受ける作品よりも、豊かな、自由な、力動的な、まとまりのある印象を受ける作品の方が、クライエントの内的世界がよりポジティブに整っていると了解することができる。

### (2) シリーズとして理解する

治療で用いられる場合、箱庭作品は複数作られることが多いので、ただ1つの作品から過剰な解釈をするのではなく、複数の作品をシリーズとして見ていく。そのなかで生じる表現の変化が、重要な意味をもっていることが少なくないからである。

### (3) 主題について

箱庭作品には、比較的ポピュラーに現れる主題があるので、それについて知っていると役に立つことがある。たとえば、先に述べた例は、「渡河」の主題であり、新しい可能性に充ちた、しかし、課題を抱えた未知の世界に挑戦する内容をもっている。この他に、よく挙げられる主題として、戦い、動物園、牧場、森、工事、出立、曼陀羅（図3）などがある。

### (4) ミニチュア玩具のもつ象徴性

ミニチュア玩具は、それぞれ何らかの象徴的な意味を含んでいる。たとえば、雌牛は乳を出すので母性的なものを象徴する、電話ボックスは助けやコミュニケーションを求める象徴として使われるなどである。

### (5) 空間配置の象徴性

箱庭の空間配置に関する象徴性が箱庭表現の理解を促進する場合がある。空間象徴の考え方によれば、箱の左側の領域は内的・無意識的・過去の世界を、

図3　曼陀羅を主題とする作品例
　曼陀羅はサンスクリット語で「円」を表す。円環状に置かれた石の
　内側には亀が埋めてあり、周囲をインディアンたちが踊っている。

右側の領域は外的・意識的・現実の世界を意味する。

　なお、箱庭表現はイメージ・レベルの表現であり、それはつねに曖昧さを含んでいる。曖昧であるとは、多様性・多義性を備えているということである。この特性を大切に扱うことが箱庭作品の理解において重要である。つまり、箱庭に表現されたものから、さまざまなイメージを仮説的に引き出す態度が求められるのである。こうかもしれないし、ああかもしれないという多義的な状況が治療の進展に伴って少しずつ整理され方向性が見えてくることに、心理治療の実践の醍醐味があるし、人のこころの変容・成長のために真に役に立つ手がかりは、そのような多様な可能性のなかに潜んでいると考えるべきである。箱庭表現の理解において、一義的な答えを性急に求めることは厳に慎まなければならない。

〔引用文献〕
東山紘久『箱庭療法の世界』誠信書房、1994年

河合隼雄『カウンセリングと人間性』創元社、1975年

〔参考文献〕

弘中正美「箱庭療法」（田畑治・蔭山英順編）『心の健康を探る』福村出版、1992年

Kalff, D.: *Sandspiel*. Rascher Verlag, 1966.（河合隼雄監修、大原貢、山中康裕訳『カ
　ルフ箱庭療法』誠信書房、1972年）

河合隼雄『箱庭療法入門』誠信書房、1969年

河合隼雄、中村雄二郎『トポスの知—箱庭療法の世界』ＴＢＳブリタニカ、1984年

木村晴子『箱庭療法—基礎的研究と実践』創元社、1985年

西村洲衞男「箱庭療法」（小嶋・秋山・空井編）『小児の臨床心理検査法』医学書院、
　1973年

岡田康伸『箱庭療法の基礎』誠信書房、1984年

岡田康伸『箱庭療法の展開』誠信書房、1993年

[PART・2] 芸術療法とその技法

# 10　音楽療法

阪上正巳

## 音楽療法をめぐる状況

　2000年の春、国立音楽大学および岐阜県音楽療法研究所の招きでアメリカの
バーバラ・ヘッサー教授（B. Hesser）が来日されたことは、わが国の音楽療法
界にとって記念すべき出来事であった[1]。これは何もヘッサー教授がアメリカ
音楽療法協会の会長をはじめ数々の要職を経られてきた人物だからではない。
教授が、多くの優秀な音楽療法士や学者を輩出しているニューヨーク大学大学
院音楽療法科の主任をすでに四半世紀以上も務められている、いわば養成教育
のエキスパートだからである。音楽療法教育の指導者層を対象とした数度にわ
たる講演とディスカッションの会は、だから実際、わが国で初めて本格的に音
楽療法士の養成教育が論じられた画期的な機会だった。

　欧米に半世紀近くも遅れ、わが国には1995年、全日本音楽療法連盟が設立さ
れ、97年には認定音楽療法士が誕生した。その後、2001年には上記連盟が日本
音楽療法学会へと発展し、会員数は2019年現在、5000名を超える。現在はやや
鎮静化の傾向もみられるが、関係組織の整備により、一時は音楽療法ブームと
いってもいい状況であった。実践者の増加とともに関係図書の出版が相次ぎ、
メディアに〈音楽療法〉の文字が躍った。関心の増加そのものは歓迎しよう。
しかし、わが国の音楽療法が、はたしてそれに見合う内実をもっていると言え
るだろうかという疑問も湧く。「うつに効く音楽は？」などの素朴すぎる問い
はさすがにあまり聞かれなくなったが、「患者さんの歌の伴奏が音楽療法」と

音楽療法　123

いうような誤解は今もってなくならない。現場の実践者が世の中のこうした誤解に対し、自らの専門性を主張しているとは言い切れない現実がある。

　理由はさまざまであろうが、やはり教育システムの不備が大きいのではないか。アメリカには、音楽療法士養成コースが70ヵ所の（主として音楽）大学に設けられ、なかには修士・博士課程をもつ大学もある。イギリスの養成機関は、すべて大学院レベルである（ちなみに韓国も同様に大学院教育を採用している）。ドイツ語圏には、目的に応じてさまざまな特色をもつ20数ヵ所の養成コースがある。翻ってわが国においては学部教育がほとんどであり、そのなかでも満足すべきコースはまだ数えるほどしかない。実践面、研究面における水準が（個々のケースはどうあれ）いまだ発展途上であるのも、ある意味でやむを得ないのである[2]。

　こうした状況を踏まえ、本稿では、音楽療法士という仕事が1個の専門性をもった職業であることを述べてみたい。あえて記せば、音楽療法にとって啓蒙の時代はもう終わったのであり、今後は本格的な音楽療法士の養成が急務なのである。当然のことながら〈唯一の音楽療法〉なるものはなく、したがって音楽療法のノウハウが記せるわけもない。むしろ筆者は、音楽療法の多様性と、それに伴う実践の難しさをこそ、本稿で伝えたいと願っている。


## 音楽療法の定義と種類

　日本音楽療法学会によれば、音楽療法とは、「音楽の持つ生理的、心理的、社会的働きを用いて、心身の障害の回復、機能の維持改善、生活の質の向上、行動の変容などに向けて、音楽を意図的、計画的に使用すること」をさすものである。音楽療法が、音楽のさまざまな働きを用いながら、多様な目的に向かって、計画的に遂行される治療法であることがまずは分かる。

　これに加え、旧全米音楽療法協会（ＮＡＭＴ）の定義では、治療の主体が「音楽療法士」という専門職によって行われることが明記されている。またその活動がチーム医療のなかで行われることや、クライエントが抱える問題の査定・記録・評価が必要との記述がそれに続いている。ここに専門職である「音楽療法士」が登場してくることは重要である。だが、それについては、あとで述べ

ることとし、さらにもう1つベネンソン（R. Benenzon）の定義をみておこう。

「学問的な見地からみれば、音楽療法は、利用される音が音楽的であろうとなかろうと、音が本来的に有する診断的資質と治療的方法を発見するために、音と人間の複雑な関係の研究と調査を行う科学の一分野である（後略）」。

ここでは音楽療法が、音と人間の関係を探究する科学の一分野であるという視点が打ち出されている。つまり音楽療法は、たんに治療の一技法であるにとどまらず、人間を知るための学問の一領域としての奥深さをもつことが理解されるのである[3]。

では、実際に音楽療法とはいかなる形式により行われるのであろうか。次にその多様な種類についてみてみよう。

音楽療法には大きく分けて聴取的方法と能動的方法がある。だがゴングやモノコードなどの楽器を演奏しながら単一音や持続音を聴取する方法もあり、またそもそも音楽行為にはつねに聴取が伴うので、この分け方はあくまで便宜的なものである。能動的方法には歌唱によるもの、合奏によるもの、即興演奏や声の即興によるものがあり、またそれらを組み合わせて用いる場合もある。一方、ダンスや身体運動、サイコドラマ、あるいは絵画療法などと併用されることがある。それぞれ個人療法にも集団療法にも応用される。

聴取的方法では音楽を薬のように考える「音楽処方」に関する反省から、対象者個人の文化的背景や聴取時の心身の状態、聴取態度などを考慮した方法、たとえばシュヴァーベ（Ch. Schwabe）の「調整的音楽療法」（ＲＭＴ）やボニー（H. Bonny）の「音楽によるイメージ誘導」（ＧＩＭ）などの優れた方法が開発されている。特にＧＩＭは心理療法的な治療法として世界で広く認知されている技法である[4]。

能動的方法のうち歌唱によるものは、現在わが国のとくに精神科病棟や高齢者施設において多く実践されている方法である。多人数で比較的簡便に行えること、親しみやすいこと、歌詞による安全な感情表現などの利点があるが、個人に照準を絞りにくいなどの難点もある。（2010年刊行の『日本音楽療法学会誌』（10巻1号）には「集団歌唱療法を考える」という特集が組まれているので参照されたい。）

合奏によるものでは、わが国の丹野修一による方法が完成したほぼ唯一のも

のである。参加者個々人に合わせた音楽を様式にこだわらず作・編曲して合奏を成立させるもので、音楽による「審美的体験」が最大限に活用されるが、この方法の修得には長年を要する。

即興演奏や声の即興によるものは現在欧米で主流となっている方法で、後に述べるような多様な考え方にもとづき、自由な即興音楽が治療に生かされる。共通するのは、既成の音楽観を廃棄したうえで音楽のみならず音や呼吸、間といった微細なものにまで鋭い感性を向け、現出する音楽の形式や内容とその心理的意味、またその強さに注意を払うことである。

ところで、音楽療法場面における言語的やりとりの重要度については方法や治療対象により軽重がある[5]。


## 音楽療法のパラダイム

さて、音楽療法の理論背景もまた実に多様である。これを分類する視点もさまざまであるが、オランダの心理学者、スマイスタース（H. Smeijsters）の分類が整理に役立つ。音楽療法の発生は経験的知識からであり、自然民族の治療儀式にその原初的形姿をうかがうことができるが、この分類は、現代の方法からそうした民族治療儀式までをも含み込む広さをもつものである。彼は音楽療法を「音楽作用の説明のされ方」から「魔術的」、「数学的」、「医学的」、「心理学的」という4つのパラダイムに分類した。筆者としては、これに「社会学的」なパラダイムを加えて5つにするのが現状に適すると考えるが、以下に筆者自身の考えも織り込みながら、これらを略述していく[6]。


### (1) 魔術的パラダイム

このパラダイムは、音楽の超自然的力を強調するもので、悪魔や神々によって引き起こされた諸病が音楽の不思議な力で癒されると考えるものである。古代から今日に至る自然民族の治療儀式にこの考えは浸透している。現代音楽療法はこれに対し、合理的な理論のもとに行われると考えられがちであるが、実はそうでもない。今日でもしばしば「音楽の説明できない力」、「理屈を超えたパワー」などという言葉が使われる。その場合、当該の方法はこのパラダイム

に近縁なものとみなされるのではあるまいか。

### (2) 数学的パラダイム

このパラダイムは、宇宙的秩序をもつ音楽の数学的構造（数量的音程関係など）が人間に共鳴し、その不調和を整序し均衡をもたらすと考えるものである。ピタゴラス学派の思想に代表されるが、現代音楽療法の黎明期にバッハの音楽を治療上重視したポントヴィック（A. Pontvik）がこの思想を復活させた。現代でも、ユング心理学の影響下にある方法において集合的無意識との関連で、この考えが持ち出されることがある。そもそも音楽と数学の近縁性はライプニッツやホワイトヘッドなど少なからぬ哲学者により指摘されてきたもので、音楽によって感性的にある種の論理性や秩序を回復させるという考え方はいささかも突飛なものではない。音楽によるハーモニー（調和）の獲得というのは日常でよく使われる表現である。ただ筆者としては今後、音楽の調和的秩序ばかりでなく、この芸術にはらまれる不調和や不確定性、ないし別種の次元を扱う新たな数学的パラダイムの出現を期待するものである。

### (3) 医学的パラダイム

このパラダイムの代表例は、音楽を予測可能な効果をもつ薬のように処方する「音楽処方」という、今日ではいささか古くなった考え方である。多くはアルトシューラー（I. M.Altshuler）の「同質の原理」（iso-principle）、つまり音楽の選択にあたっては病者の感情状態と同質のムードの音楽が望ましいとする理論を基盤にする。しかし、これらは対象者個人の（音楽）文化的背景や聴取時の心身の状態、あるいはクライエントの聴取態度を閑却しているという点で、これまで批判されてきた。とはいえ、現代でも音楽による血圧、脈拍数、筋緊張、免疫機能やストレス関連ホルモンへの影響、また音楽による痛みの緩和、透析中の気分調整、手術後の覚醒促進など、音楽の心身への直接作用の研究やその臨床応用は数多く、また一般の期待度も高い。

このパラダイムの音楽療法として、最近登場してきたのが、タウト（M. Thaut）らの神経学的音楽療法、およびわが国の「認知音楽療法」である。前者は、パーキンソン病や脳梗塞後遺症、外傷性脳損傷、失語症、脳性麻痺など

の神経学的な疾患・損傷をもつ患者や高次機能障害を有するクライエントを対象に、感覚運動リハビリテーション、言語リハビリテーション、認知リハビリテーションを主な領域に幅広く展開されている方法である。治療における実証的・科学的データをますます重視する実践・研究の動きでもあり、わが国でも医療界を中心に大きな注目を集めている。一方、後者（認知音楽療法）は交通事故による脳損傷で意識障害に陥った患者らを対象にした実践で、やはり最新の脳画像診断技術を用いながら治療効果を科学的に証明しようとするものである[7]。

### (4) 心理学的パラダイム

このパラダイムは現代もっとも多様に考察されているものである。当初は精神分析的音楽療法と行動療法的音楽療法が大きな潮流をなしていたが、徐々にそれ以外の心理療法理論が音楽療法に応用されるようになった。たとえばゲシュタルト療法的、認知療法的、来談者中心的、逆説心理療法的、人間性心理学的音楽療法などがある。これらに共通しているのは、診断や一般的方法論において既存の心理療法モデルを踏襲するという点である。つまり該当する方法論が音楽的に翻案され、音楽現象の分析は既存のモデルのコンセプトを用いて行われる。たとえば音楽への無意識の投影、音楽のなかでの融合体験や退行、音楽によるカタルシスや非言語的徹底操作、無条件の受容、新たな知覚、正負の強化子としての音楽、などである。スマイスタースによればこれらの方法は「言語的心理療法を指向した音楽療法」とされる。

一方、音楽療法がいかなる心理療法の専門用語も必要としないと考える「音楽指向的音楽療法」がある。これは音楽聴取や音楽行為そのものが心理療法的効果をもつとする立場で、音楽現象を治療の中心におく点で音楽療法に独自とは言えるが、治療者の目が対象の病理から離れていくおそれもある[8]。

そして、この両者を架橋するのが「心的プロセスと音楽プロセスの類同性を指向した音楽療法」で、これは音楽行動と病態との類同関係、および音楽プロセスと治癒プロセスとの類同関係という2つのアナロジーを問題とするものである。スマイスタースは例として、内因性うつ病患者の時間性と音楽に現れる（遅い）テンポ、統合失調症患者の孤立した存在様態と二者間の即興演奏にお

128

ける相互性の欠如を挙げ、さらに突然それまでと違った人生に投げ込まれ心因反応を起こした病者が即興音楽のなかで立ち直っていくプロセスを記述している。これに近縁な方法としては、ゲーテの形態学によりながら「心的現象は音楽の背後でなくそのさなかにある」とするテュプカー（R. Tuepker）らの形態学的音楽療法がある[9]。

### (5) 社会学的パラダイム

　スマイスタースによる分類は以上であるが、筆者がこの社会学的パラダイムを設けるのは、ノルウェーのスティーゲ（B. Stige）による「文化中心音楽療法」を知ったからである。これは音楽療法をますます社会・文化的な文脈へと開いていく考え方である。スティーゲが指摘するように、障害や病いは社会や人間との関係、個人が置かれる複雑なコンテクストや環境のなかから析出する。そうであるなら、治療も音楽療法室の週１回のセッションなどという閉じられた時間・空間や、クライエントとセラピストという二者関係のなかで行われるにとどまらず、上記のコンテクストや環境に働きかけ、それを変えていく努力であるべきであろう。つまりクライエント個人のみならず、それをとりまく家族や友人、施設関係者、地域社会、さらには行政や国家にいたるまでが音楽活動の対象となるのである。この意味で「文化中心音楽療法」は、文化や習慣の違いを意識した「文化特異的音楽療法」ではなく、（そうした視点を含みつつも）社会・文化のなかでそれらを変えていく「文化参加としての音楽療法」ないし「文化運動としての音楽療法」であり、音楽療法に新たなパラダイムをもたらしたとも評価される理論構想である。この考え方の実践形態として、「コミュニティ音楽療法」（M. Pavlicevic & G. Ansdell）や「生態学的音楽療法」（K. Bruscia）がいまや世界各地で行われ、音楽療法の活動範囲を拡げつつある[10]。

## 音楽療法士の専門能力

　音楽療法とは、以上のように、きわめて多様な理論背景のもと、さまざまな形式において行われるものである。ところで、旧ＮＡＭＴの定義によれば、上述のような音楽療法を行うのは「音楽療法士」であることが明記されていた。

音楽療法　129

では、音楽療法士とは一体いかなる専門的能力をもった職業なのだろうか。

これを具体的に示すものがある。冒頭のヘッサー教授らが作成した「（音楽療法の実践に必要な）職業的能力」リスト（Professional Competencies）である。少し寄り道をすれば、このリストは、音楽療法士養成教育の指針の２つの考え方のうちの一方である（もう一方は「カリキュラムに基づいた教育方針」で、学生が履修すべき科目名が列挙してある。旧ＮＡＭＴや日本音楽療法学会はこの方式を採っている。「日本音楽療法学会カリキュラム・ガイドライン '01」を参照）。

さて、この「職業能力リスト」には、カリキュラムに並んでいるような学ぶ科目ではなく、学んで獲得する能力（目標）が具体的に掲げられており、教えられる授業の質の確保に利用できるほか、学生の評価（入学時、中間、卒業時）や、独習者への資格賦与、あるいは適切な大学を認可するさいの判断に利用できる。本稿にとっては、音楽療法士の学ぶ事柄、ないしそれにより獲得する技術や能力をイメージするのに役立つ。

とはいえ、リストにある専門的職業能力は実に多岐に渡っており、紙数の都合上すべてをここに載せることはできない。興味のある方は、リストの邦訳を転載した岡崎らの論文を参照されたい[11]。同論文には先の「カリキュラム・ガイドライン '01」も掲載されており、比較しやすい。ここでは、旧ＮＡＭＴによる「職業能力リスト」（1996年改訂版）の見出しだけ眺めてみよう。

まず「音楽的基礎」として、音楽理論と音楽史、作曲／編曲、専攻楽器の技術、鍵盤楽器の技術、ギターの技術、声楽の技術、管弦楽でない楽器の技術、即興の技術、指揮、動き、などが挙がっている。

次に「臨床の基礎」として、障害の理解、治療の原理、治療的人間関係、が挙げられ、さらに「音楽療法」として、基礎と原理、クライエントの査定、セッションの計画、セッションの遂行、治療の評価、記録、セッションの終結、職業的役割／倫理、他職種との連携、スーパービジョンと仕事の運営、研究方法、などの見出しがある。

これだけみると科目名の並んだカリキュラム・ガイドラインと変わらない印象もあるだろうが、実はそうではない。それぞれの見出しのもとに数項目から10数項目にわたり具体的な記述が列挙されているのである。たとえば「音楽理

論と音楽史」の見出しならば「さまざまな時代と文化の音楽の要素、構造、スタイルの特質を理解する」など5項目、音楽療法の「基礎と原理」の見出しなら「既存の音楽療法の方法、テクニック、素材、機能を知り、適切に用いる」など6項目が記されている。「セッションの計画」では「クライエントの治療的ニーズに即した音楽療法体験を選択または創造する」など12項目が、また「セッションの遂行」においては「セッション中に起こる重要な出来事を認識、解釈して、適切に対応する」から始まり、実に31項目にわたり、セッション遂行上に必要な音楽療法士の能力が仔細に記述されているのである。見出しのもとに列挙された記述は全体で146項目にものぼる。

　上述したように、このリストは養成教育のさまざまな局面において、学生の獲得した能力の査定に用いられるのであるから、少なくともこの方式を採用している養成機関において、音楽療法学生はきわめて厳しいトレーニングを経なければならないことが理解される。そして臨床の現場の私たちが求めるのも、そのような専門性を身につけた音楽療法士である。もちろん、リストにある専門能力にはそれぞれ程度とレベルがあり、獲得するペースにも個人差があろう。講演に続くディスカッションでヘッサー教授が言及されていた「トレーニングの深さ」や「成熟性」が問題となる由縁で、音楽療法士のトレーニングは、ある意味で限りがないと言えるのである。


## 音楽療法における音楽

　さて、音楽療法士が「音楽」療法士である以上、その専門性の中心が音楽にあることは疑い得ない。ニューヨーク大学のカリキュラムのなかでも、「音楽的基礎」にかける時間は全体の45パーセントを占めるという。そこで最後に、音楽療法における音楽について、少しばかり私見を述べておきたい。

　簡単に書けば、セッションにおける音楽は、クライエントの今ある現実のなかで、できるだけリアルである必要がある。現実に及ぼす効果や切実さの度合いという意味で「強く」なければならず、「生きて」いなければならない。このことはいかにして実現されるのだろうか。それを具現している丹野による合奏活動を例に考えてみよう。

音楽療法　131

先に少し紹介したように、この方法は、統合失調症患者を対象に、病者の音楽能力に合わせたパート譜を提供することで、練習を経ずして合奏の成立を図るものである。実際の演奏にさいしては、参加者に音楽への強い集中を求め、現出する音楽は結果的にきわめてリアルで審美的な力を帯びることになる。

　作・編曲に際し、丹野が世界中の音楽語法を駆使することは言うまでもない。音楽のエレメンタルな要素から、プリミティブな骨組み、さらに複雑な構造に至るまで時代・文化を超えて自在に用いられる。しかし非凡さはむしろ、そうした音楽の技法を超えたところにある。曲作りにあたり、彼は微妙な季節の匂いや時代の雰囲気、参加者の個性などを絶妙に音楽へと溶かし込む。そして演奏にあたって、周囲の季節感、空気、雰囲気を察知し、音色、テンポ、アクセントなど音楽のあらゆるエレメントに反応しながら、その場をリアルな「異界」として立ち上げるのである。

　「音楽は危機と関係している」という彼の言葉は重要である。狩猟時代の昔、ひとは生き延びるために、風向きや、空気の湿り気、遠くの微かな物音などに敏感であらざるを得なかった。身体もいつも俊敏である必要がある。微細な気配や兆候的な物音をキャッチし、俊敏に反応しなければ獲物も捕らえられず、逆に食い殺される危険もある。音楽はこういう〈生存のための感覚〉に関係する、と丹野は言うのである。彼の音楽がわれわれの生きている現実にリアルに触れてくるのは、こうした鋭敏な感覚や強い身体性を動員するものだからであろう。またそうした音楽でなければ、病いという「危機」にとても太刀打ちできるものではない。

　筆者は、こうしたいわば〈生き延びるための音楽〉、〈生の接続としての音楽〉こそ、音楽療法セッションのなかで立ち上げられねばならないと考えている。丹野の例は統合失調症を対象とした合奏形式の方法だが、能動的方法においても、聴取的方法においても、また音楽中心的な考え方のみならず、いかなる理論背景をもつ方法においても、このことは当てはまるのではなかろうか。音楽にこのようなリアルさ、強さがなければ、音楽のさまざまな作用、すなわち感情の誘発作用や象徴化作用、多感覚刺激作用、社会化作用、認知促進作用などなども、その力を発揮し得ないのではないかと思う[12]。

　音楽療法士には、こうした音楽を期待したい。音楽療法士の専門性の中心は

むろん音楽であるが、その音楽とは、上記のような感覚と身体に担われたものであり、それを実現するためには、養成教育において、狭義の「音楽」ばかりでなく、遠いもの、微かなものに反応するための、いわば「感性化プロセス」がとりわけ重要となってくるのである。

　本稿では、音楽療法をめぐる状況から、音楽療法の定義、さまざまな形式と理論、音楽療法士の専門能力、そして音楽療法における音楽について概観してきた。紙数の都合上、この領域の世界的な展望やわが国の課題について十分には触れられなかったが[13]、論述をとおし、音楽療法という仕事が一般に考えられている以上に困難で、高度に専門的な職業であることは多少なりとも伝えられたと思う。冒頭ではブームにつきものの安直さに触れたけれども、一方で世の中から求められているのは、やはり専門家にしかできないオリジナルな実践とその結果を実証的に示す研究、そして音楽療法のさまざまな局面に関する本質論的な議論である。音楽療法への過度な関心が一段落した今こそ、そうした本来的な臨床実践と研究活動、そしてそれらの基盤となる養成教育を充実させるときである。

〔註および引用文献〕
(1) 本論の初稿執筆は2000年のことである。現在までに20年近く経過しているが、ヘッサー教授のこの来日の意義は今日いささかも減じていない。ただ、本論の記述のうち、2019年現在の状況からみて変更が必要と思われる部分については、今回加筆修正を施した。文の調子を保存するために加えきれない内容は註のなかで補足した。その際、初稿には示さなかった文献情報も、読者の便を図るため今回は積極的に追加した。
(2) 欧米先進国の音楽療法士養成教育の現状については、阪上正巳、岡崎香奈、井上勢津ほか「音楽療法の教育システムに関する研究（最終報告）」『国立音楽大学音楽研究所年報』第20集、21-48頁、2006年を参照。
(3) ブルーシアの次の著作には、音楽療法に関する世界各国の定義が収められており、その数は数十にも及ぶ。Bruscia, K. E.: *Defining Music Therapy.* Barcelona Publishers, 1989.（生野里花訳『音楽療法を定義する』東海大学出版会、2001年）。また筆者は、学問としての音楽療法の基礎学として、生物学、心理学、社会学、人類学、哲学・美学という５つの次元から人間と音楽との関係を問う「臨床音楽学」という構想を提出している。阪上正巳「『臨床音楽学』の可能性—音楽療法の基礎

音楽療法　133

学として」(国立音楽大学音楽研究所音楽療法研究部門編)『音楽療法の現在』人間と歴史社、161-182頁、2007年。

(4) Bonny, H. & Savary, L. M.: *Music and Your Mind*. Station Hill Press. Inc., 1973. (村井靖児、村井満恵訳『音楽と無意識の世界』音楽之友社、1997年)、および Summer, L.: *Guided Imagery and Music in the Institutional Setting*. MMB Music, Inc., 1988. (師井和子訳『音楽療法のためのGIM入門』音楽之友社、1997年)

(5) 阪上正巳「音楽療法におけるイメージと言語」『日本芸術療法学会誌』32巻1号、73-78頁、2002年を参照。

(6) スマイスタースの考え方については以下を参照されたい。Decker-Voigt, H.-H., Knill, P. J. & Weymann, E.(Hrsg.): *Lexikon Musiktherapie*. Hogrefe-Verlag, 1996.(阪上正巳、加藤美知子、齋藤考由ほか訳『音楽療法事典［新訂版］』人間と歴史社、2004年)

(7)「神経学的音楽療法」については、Thaut, M. H.: *Rhythm, Music, and the Brain: Scientific Foundations and Clinical Applications*. Taylor & Francis Group. LLC., 2005. (三好恒明、頼島敬、伊藤智ほか訳『新版　リズム、音楽、脳―神経学的音楽療法の科学的根拠と臨床応用』協同医書出版社、2011年)を、「認知音楽療法」については、奥村歩、佐々木久夫『音楽で脳はここまで再生する―脳の可塑性と認知音楽療法』人間と歴史社、2008年を参照。

(8)「音楽指向的音楽療法」に関連して注目すべき動向がある。「音楽中心音楽療法」がそれで、アメリカのエイギン（K. Aigen）によって提唱された。音楽療法は治療の中心に音楽を核として持っていなければならないという信念に基づきながら、きわめて大胆かつ興味深い主張を展開するものである。彼によれば、音楽療法の「目標」は音楽独自の体験と表現の達成であり、音楽以外の臨床的課題、たとえば衝動コントロールや社会的スキルの向上、症状の改善、発達の促進等ではない。それらは音楽という「手段」を用いた「目標」ではなく、あくまで音楽という「目標」に至るプロセスの「二次的な結果」にすぎないという。ちなみに彼が立脚するのは、わが国でも有名なノードフ・ロビンズ音楽療法である。Aigen, K.: *Music-Centered Music Therapy*. Barcelona Publishers, 2005. (鈴木琴栄、鈴木大裕訳『音楽中心音楽療法』春秋社、2013年)

(9) 阪上正巳「ローゼマリー・テュプカー博士と形態学的音楽療法」『日本芸術療法学会誌』36巻1・2号、25-27頁、2005年を参照。

(10)「文化中心音楽療法」については、Stige, B.: *Culture-Centered Music Therapy*. Barcelona Publishers, 2002. (阪上正巳監訳『文化中心音楽療法』音楽之友社、2008年)、「コミュニティ音楽療法」については、Pavlicevic, M. & Ansdell, G.: *Community Music Therapy*. Jessica Kingsley Publishers, 2004.「生態学的音楽療法」については、ブルーシアの前掲書を参照。

(11) 岡崎香奈、阪上正巳、井上勢津ほか「音楽療法の教育システムに関する研究（中間報告)」『国立音楽大学音楽研究所年報』第19集、19-46頁、2005年

(12) 丹野による病院での合奏活動は残念なことに2004年3月で打ち切られた（しかし弟子の折山もと子により他施設で継承されている）。活動の詳細や意義については、阪上正巳『精神の病いと音楽―スキゾフレニア・生命・自然』廣済堂出版、2003年に詳述した。

(13) さらに興味のある読者は、阪上正巳「音楽療法の世界的展望とわが国の課題」『日本芸術療法学会誌』37巻1・2号、7-29頁、2006年、および国立音楽大学音楽研究所音楽療法研究部門編『音楽療法の現在』人間と歴史社、2007年を参照されたい。

[PART・2] 芸術療法とその技法

# 11　詩歌療法

田村　宏

## はじめに

　言葉は、認知、思考、コミュニケーションの道具である。言葉の発生以前にもヒトは不十分ながらこれらの機能を獲得していたと推測されているが、「言葉はヒトの知覚器官である」といわれるほど、言葉はヒトの認知機能を飛躍的に高め、より複雑な思考を可能にした。ヒトは言葉によって現実世界を認識することができ、一方、言葉は非現実や存在しない出来事についての思考や伝達をも可能にする。本稿では、「詩」という言葉の道具を用いる精神療法について概要を述べ、その精神療法的意義について、若干の検討をしたい。

## 詩とはなにか

　まず、精神療法としての詩歌のまえに、詩とは何か、ということを考えてみたい。日常会話でも手紙でも小説でも新聞でも、「語」の意味は文脈によって規定される。文脈を指し示すものは、単語、文法、前後の意味のつながり、話題のテーマ、状況、時間、文化などさまざまである。こうした文脈が取り違えられると、コミュニケーションに大きな支障を来たすことになる。

　詩的言語の特徴は、たとえば、形式、韻律、あいまいさ（豊かさ）、統語の自由度が高い、メタファーが豊富、などがあげられる。詩的言語では「語」にたいする文脈の支配はゆるめられ、作者と読者の共同作業によって、「語」は

詩歌療法　137

本来有する豊かな意味を醸し出すようになる。

　詩と散文とを明確に定義して区別することは容易ではないが、言語学者ヤーコブソンが、詩の詩たるところは、「語が語として感じられるところに」（川本茂雄編『ヤーコブソン選集３　詩学』大修館書店）あると述べているので、これを詩的言語の拠りどころにしたい。

　　さむいね。
　　ああさむいね。
　　虫がないてるね。
　　ああ虫がないてるね。

　　　　　　　（「秋の夜の会話」より抜粋。田村隆一編『草野心平詩集』彌生書房）

　この対話形式の自由詩は日常語で語られ、映画の台詞のようにも聞こえる。再び、ヤーコブソンによれば、「ひごろ見慣れた挨拶のことばでも、詩的文脈に置かれると俄然常ならぬ光彩を帯びることがある」（山中桂一『ヤコブソンの言語科学１　詩とことば』勁草書房）のである。


## 詩歌と癒し

　ギリシア神話において、アポローンは太陽（光）、預言、詩歌、音楽などを司り、また、病を癒した。詩歌はムーサと呼ばれるアポローンの従者の女神たち、メルポネー（悲劇）、タレイア（喜劇）、テルプシコラー（叙情詩）、エラトー（恋愛詩）、カリオペー（叙事詩）によって分担され、病気癒しの機能はアポローンの息子アスクレピウスによって継承された。古代ヘレニズム世界で、アスクレピオンと呼ばれる施設は神殿、劇場、浴場などの設備を誇り、信仰に基づく夢が神官によって解釈され、啓示された治療が施された。アスクレピオンは当時の先進医療の拠点でもあった。劇場では、詩の形式で書かれた悲劇がカタルシスをもたらす治療として上演された。詩歌と癒しの神が同じ系譜の中に置かれているのは単なる偶然ではなく、ギリシアの人々は詩歌と心身の癒しとを経験的に、あるいは、直観的に結びつけていたのである。

138

日本においても、巡礼によって授かる観音菩薩の夢の託宣によって、不治の病が癒される話が『長谷寺霊験記』などに見られる。また、中世末期の文学では夢のお告げは和歌のかたちで示された。元禄期に芭蕉門下の路通は、観音の霊夢のお告げにしたがって俳書『勧進牒』を刊行したが、其角はそのあとがきに「一句勧進の功徳はむねのうちの煩悩を舌の先にはらって即心即仏としるべし」と記した。ここでも、信仰―夢―詩―心的効用の結びつきが生きていることが知られる。

## 日本の伝統的短詩型

　日本の伝統的短詩型は、ほとんどすべてが七音と五音の組み合わせによる律文である。今日、広く親しまれている俳句、川柳、短歌、連句も七五調によって構成されている。日本語の語彙は二音（一律拍）を基本として、二音、四音、八音の枠組みがある。たとえば、現代語の４割近くが四音語で、新たに使用される外来語のカタカナ表記、略語から、タレントの呼び名まで四音が好まれるのも、日本語固有の音声的安定感によるものである。一方、リズミカルな七五調は音の休止によって生み出され、しかも、「七」と「五」という数に音ないし文字を合わせるだけで、私たちは容易に律文を作ることができる。俳句形式では潜在する律拍は四・四・四（音は八・八・八）で、上五のあとに三音（一律拍と一音）のポーズが想定され、中七で軽く一音休んで、下五のあとに三音の余韻が残ることになる（坂野信彦『七五調の謎をとく―日本語リズム原論』大修館書店）。このリズムはとくに意識しなくても、日本語の使用者には知覚されていると思う。

　多くの読者にとって連句はなじみが薄いと思うので、その歴史について少し触れておきたい。短歌形式の五七五と七七が二人の作者の問答として万葉集に現れたのが連歌（短連歌）の初出とされる。やがて、短連歌は長連歌に発展し、百句連ねる形式が一般的となった。14世紀後半には連歌の規則がまとめられ、連歌集が准勅撰集になるなど、隆盛をきわめた。その後、衰退した連歌は、江戸時代に復興の機運が高まり、松尾芭蕉に至って俳諧之連歌（俳諧）はより洗練された共同製作の文学として甦り、また、俳諧の第一句（発句）は独立した

詩歌療法　139

詩型として確立された。明治になってそれぞれ、連句、俳句と呼ばれるように
なったが、現代連句は芭蕉の精神を継承するものである。ひと言で表現すれば、
連句は「構造化された連想ゲーム」である。「構造化」のために必要なものが、
形式と規則である。

　連句では五七五（長句）と七七（短句）を二人以上の者が交互に詠んでゆく。
形式は連ねる句の数で定められ、歌仙（三十六句）、二十韻、半歌仙（十八句）、
十二調などがある。季節と日常生活が重要なテーマとなり、句と句の間は「付
合（つけあい）」と呼ばれる連想、文脈によって結ばれる。句を連ねて行く際
の規則（式目）にはかなり複雑なものがあるが、単調と繰り返しを避けるという、
ただ一つの目的のためにあるものと理解してよい。


## 詩歌療法——治療としての詩歌

　飯森は、詩歌療法における治療者のもっとも重要な役割は、良き「聴き手」
になることである、と述べている。ヒトは精神的困難に直面したとき、何らか
の表現を試みることが少なくない。詩はその表現手段の一つである。患者が自
分で思い立って詩作し、それを治療者にみせてくれることは、治療の何らかの
進展のチャンスとなることが多い。日本において、患者が自己治療として作る
詩の形式は、俳句がもっとも多いのではないだろうか。これは、一般に最も普
及している詩型であり、自己治療として成功することが多いためと考えられる。
飯森は俳句を精神療法として用いる利点として、

　①安全な枠組みのなかで、しかも、作りやすいこと、

　②日常の「生きたコミュニケーション」の媒体となること、

　③日常的関心の回復が期待できること、

　④言葉の回復をたすけること、

　⑤葛藤の溶解、情動のカタルシスをもたらすこと、

などを挙げている。

　アメリカの詩歌療法家アーサー・ラーナーは、詩歌を治療に用いるとき、詩
によって精神の解放性が促されること、自分自身の身体と感情を知ること、そ
して、今・ここでの日常体験を受け入れられるようになることを期待している。

アメリカの詩歌療法では、治療としての詩の創作のほかに、一種の「処方」として詩が患者に提示されることが多い。すなわち、その詩によって感情や考えが喚起され、また、それを言語化することが一つの有力な治療技法として用いられている。

浅野は、連句の精神療法的意義を「付合の心」と「座の構造」に集約する。「付合の心」とは、先に簡単に述べた句と句の「良い付合を実現するための心的素地」のことで、「座の構造」は、「連句的な人の和」あるいは「互いにフォローし合うことを楽しみとするような共生の空気」といいかえられる。


## 適応と技法

統合失調症、躁病、うつ病の極期ないし急性期には、薬物療法、充分な休養、睡眠がまず重要であろう。一方、これらの回復期、慢性期（活発な幻覚妄想のある症例でも）の患者には、むしろ積極的な詩歌療法の適応がある。また、てんかん、神経症、パーソナリティ障害、さまざまな心理的問題等の治療にも用いられる。他の精神療法と併用することもできる。

患者に詩作を勧めるとき、筆者の場合、俳句・連句（半歌仙形式を用いることが多い）がほとんどで、まれに、短歌を用いる。たとえば、「俳句でもやりましょうか。もしできなかったら次回に一緒に考えましょう。こういう頭も使ってみて下さい」などといって治療に導入する。俳句の自作ないし共作ができたときに、筆者が短句（七七）をその場で付けて、連句を開始する。連句、俳句それぞれの療法の治療効果に本質的な差はないが、連句では連想とコミュニケーションに、俳句では認知と表現により重点が置かれ、臨床的要請に応じて使い分けることができる。

技法については、「共作法」（浅野）と連句の「付合」について触れておきたい。共作法とは、句を自作できない患者に連想を促して言葉を引き出し、患者と治療者が共同で句を作り上げる技法である。その際、患者が言った言葉を「そのままのかたちで」句のなかに生かすのがよい。また、連句において治療者の付句は患者の関心、生活、知識を考慮して、患者に理解される範囲の連想で作らなければならない。文芸的にいかに優れた付句でも、相手に理解されないと治

療としての意義は損なわれてしまう。

　連句の「座の構造」はそのままで精神療法に必要な要素を内在しており、患者も治療者も症状レベルの話題を離れて、詩による対話を愉しめるようになる。式目は患者に応じて簡略化され、たとえば、個人療法であれば、その季節、その場、および、そこからの連想という枠組みで句を付け進んで行き、治療の進展に応じて「月」「花」を詠む場所を指定するなど、式目を導入してゆけばよい。式目の詳細については、文献を参照されたい。以下に統合失調症例を中心に、筆者の用いる個人詩歌療法の概要を示したい。


## 症例から

### 〔症例1〕41歳、女性（C子）、慢性統合失調症

　きわめて情動が不安定で、安定した対人関係を結べず、病棟の日常の出来事が、容易に被害的な関係妄想に発展した。筆者は、まず、短歌を詠むことを勧め、しばらくして俳句を勧めてみた。短歌を詠むことによって情動の安定が多少得られたものの、作品はあたかも貝が閉じてしまうかのように自閉的で、病理があらわになった。それに対して、俳句は外に向かって開かれている観があり、実際、患者の俳句は症状を離れたコミュニケーションの媒体となった。

　　　吾が背おう罪の荷かくすかたえくぼ　寒椿噛むなき出さぬよう（短歌）
　　　我のみに春一番は強く吹き
　　　だらだらと枕に長し秋の雨


　連句ではこのように律文による対話が成立した。患者が治療者の句の言葉を「尻取り」のように使って句をつくるのは、統合失調症者の連句療法の治療過程でしばしば見られる現象である。

　　　大寒に凍てつく心冷えし指　　　　　C子
　　　　火鉢にかざす海苔の香ばし　　　　筆者
　　　香ばしき室のテーブルにぎやかす　　C子

　　　　見分けのつかぬアートフラワー　　　筆者
　　　　子等の手にアートフラワー届かざる　　C子


〔症例２〕56歳、女性、慢性統合失調症

　約30年におよぶ体系化された恋愛妄想をもち、連句、俳句療法を始めて４年になる。妄想は相変わらず強固なものであるが、同療法によって二重見当識化が促進され、現実への適応、対人関係の改善が得られた。句においても妄想と現実の両方の表現が認められるものの、句数では幻覚妄想の表現は圧倒的に少なく見える。「別れれば」の句には、恋愛妄想の相手が「迎えに来ないことになりました」と珍しく解説がついた。「地震」の句では現実をユーモア混じりで素直に表現した。形式の短さ・季語（俳句、連句）、対話構造（連句）が、患者に現実に則した思考、認知を促し、また、治療者にとっては、患者の健常な精神活動に光をあててくれる照明装置となる。


　　　　別れれば峠の上の夕桜
　　　　震度二の地震気づかぬ長閑さよ


〔症例３〕40歳、女性、てんかん精神病

　小児麻痺のため歩行ができず、病室で一日中ぼんやりと過ごすのが常で、面談のときにもすぐに話題が尽きた。筆者の勧めで俳句を作るようになってから、疎通性、感情生起性の改善が見られた。何よりも、この人がこれほど素直で、豊かな内面を有していたことに筆者の方が感動し、句の感想を率直に伝えると、「俳句やって、色んなものが見えるようになりました」と答えてくれた。


　　　　雨ふってだれがむかえにくるんだろう
　　　　若葉ってみんなきみどりかしらねえ


〔症例４〕28歳、男性（Ｋ夫）、統合失調症

　Ｋ夫は２人兄弟の第２子として東京で生まれた。地元の小中学校を経て、私立高校を中位の成績で卒業。二浪した後に大学進学を断念して大手食品会社に

詩歌療法　143

入社したが、23歳で退社。その後は自宅近くのコンビニでアルバイトをした。K夫の病前性格は明るく社交的で周囲の人に非常に気を使うタイプだったという。

X年、自室に引きこもるようになり、A病院神経科を受診。うつ病の診断で通院を開始した。X＋1年6月、症状が増悪して同病院に約2ヵ月入院。退院後しばらくは通院とデイケア以外はほとんど外出しなかった。その後、コンビニで短時間のアルバイトができるようになった。X＋3年5月、アルバイト先で商品の並べ方を注意をされたのをきっかけに意気消沈し、5月中旬、罪責妄想に駆られて地元の警察署に自首を申し出た。すぐに両親に伴われてB神経科クリニックを受診して治療を受けたが、症状は改善しなかった。

X＋3年5月末、C総合病院神経科を受診。不穏状態のため、東京女子医大神経精神科を紹介され、即日入院となった。入院時、妄想知覚、迫害妄想、関係妄想、罪責妄想、強い不安を伴う精神運動興奮を認め、統合失調症の急性期と診断された。抗精神病薬に対して治療抵抗性で、テレビ、新聞、病棟内での出来事などを自分に関係づけては興奮の再燃を繰り返した。入院後数ヵ月を経て、寡動寡黙な精神病後抑うつの状態となったため、賦活効果の期待できる抗精神病薬を併用し、同症状は改善傾向を示した。

同年12月、筆者が担当医になった。迫害および加害的内容の自己関係づけは依然として見られ、K夫の日常生活の大きな障害になっていた。たとえば、天気予報の当たり外れから、病棟内での出来事に至るまで、自分に関係づけると、目の前の現実を正当に評価できなくなった。そこで、健常な関心を拡大し、現実検討能力を改善させることを目標として、まず、俳句を作ることを提案し、句の題材を探すことを自宅への外泊の際の宿題とした。

（具合はどう？）……正月、帰れますか。こういう雑音が……新幹線が順調に動いているように見えるけど、皆で「せーの」で動いていると思う。（人間のやることだから）うん。（でも、季節はちゃんと巡ってくる……）季節……悪いことしてないのに、テレビに映っているみたいに思うんです。（俳句を作ってみましょう。今の季節の言葉で）……初冬。初冬や、寒さこらえて、きびしい、うーん……（「小春日」は今日の天気にピッタリ）うん。小春日、セーターはおって、風邪防止。（風邪の予防は大事。ところで、今、何してた）親を待ってます。（父

母を待つ、では？）それがいい。

　　　小春日やセーターはおって父母を待つ　　K夫（共作）

　12月中旬、自宅への外泊中、海の近くの公園で波の音を聞いてのんびりと過ごせたが、句の題材は思いつかなかった。共作で句を作り、その場で筆者がわかりやすい連想で第二句をつけて連句を開始した。半歌仙「枯葉散る」に沿って治療経過を示す。

　　1　枯葉散る海浜公園日が沈む　　　　K夫（共作）
　　2　汽笛の音の遠のいて行く　　　　　筆者

　次の外泊では、不安が強く外出できなかった。しかし、句の題材として庭に咲いていたさざんかのイメージを持ち帰り、筆者が句の構成を助言するだけで第五句ができた。

　　5　さざんかが今年も咲いた家の庭　　K夫（共作）

　K夫の付句の連想はしだいに広がりを見せた。たとえば、第九句はこのようにして作られた。（句はできた？）いえ……（じゃあ、ブリキのおもちゃで思い出すもの）バス、ミニカー。（子どもの頃の思い出）遊園地、観覧車、豊島園、家族で……ジェットコースター。（観覧車に乗った時のこと話して）空が青くて……透き通って見えた。（季節はいつごろ？）秋、体育の日。（観覧車、秋で一句）うーん。観覧車、秋の空……（中七は？　どんなに回る？）大きく……回る。（回れ、でもおもしろい）そうですね。

　　8　ブリキのおもちゃ裏側が錆び　　　筆者
　　9　秋の空大きく回れ観覧車　　　　　K夫（共作）
　　10　遠くに見える神宮の森　　　　　　筆者
　　11　初詣○○寺に来る家族づれ　　　　K夫（共作）

詩歌療法　145

```
12  独楽回せない今どきの子        筆者
```

　また、第一三句は前句の「独楽」から、「一〇語の連想ゲーム」をＫ夫に促し、その中から言葉を採って、初めて句の自作ができた。「こま、遊び、お正月、おとそ、酒、かす汁、しゃけ、いくら、たら、サザエさん。……かす汁好きなんです。家でよく作ってくれるんです」。

```
13  かす汁に家族だんらん鍋囲む      Ｋ夫（自作）
14  つい食べすぎて探す胃薬        筆者
```

　Ｋ夫は、自分の句と筆者の付句の「付合」が理解できると笑顔で答えるようになった。

```
17  空を見てココアを飲む展望台      Ｋ夫（自作）
18  富士見ゆる日を暦に印す        筆者
```

　俳句・連句療法を始めてから、自然の観察や健常な連想につながる日常的関心の拡大がみられ、しだいに自己関係づけは減少し、訂正可能なレベルになった。また、退院後に生活の拠点となる郊外の住まいの庭に植える草花、野菜のこと、Ｋ夫が作った餌台に野鳥が集まってくることなども、生き生きとした表情で語るようになった。Ｘ＋４年１月末、退院。


## 考　察

　ソシュールによれば、言語は一つの信号体系によって成立する関係で、言語のなかには差異しかない。世界は本来、連続体であって、言葉によって切り出されてはじめて意味が生まれる（丸山圭三郎『ソシュールの思想』岩波書店）。たとえば、虹は赤から紫までの色の連続であるが、日本語では七色、アフリカのある地方語では４色に区切られる。したがって、それぞれの言語の使用者には、他の色は知覚されても認知はされないことになる。ここでは言語学の領域にあ

まり立ち入らないで、ある個人の言語と認知についてモデルを考えてみたい。

雨が降っている。Ａさんは「小糠雨」という語を思い浮かべ、Ｂさんは「細かい雨」と認知した。Ａさんは雨を表現する言葉をたくさん知っているが、Ｂさんはその半分位しか知らない。この場合、思考や連想の豊かさを別にすれば、気象現象の認知に決定的な差は生じない。一方、慢性うつ病、パニック障害、恐怖症、心気症などにおいて、症状を表現する言葉がその認知を歪めて症状を強化する場合がある。たとえば、ある患者はパニック発作のときに、心臓が「バクバクする」と表現し、この言葉は患者の（予期）不安をいっそうかき立てるのである。

また、Ａさんにおける「椅子」という単語の意味が、Ｂさんとまったく精確に一致することはないだろう。しかし、「座るためのもの」という中心的意味とプロトタイプのイメージが共有されていれば、通常のコミュニケーションに支障は生じない。しかし、ある慢性統合失調症者は「夏の涼しい場所」の文脈で用いられた「日蔭」という語を嫌った。隠語でいえば「影武者」とか「実子ではない」という意味だから、というのが理由であった。すなわち、文脈の理解が悪く、中心的意味が共有されていないためにコミュニケーションの障害が生じたのである。

オイゲン・ブロイラーは統合失調症の本質は連合（連想）の障害であると考えた。さらに、統合失調症者の連想の特徴として、貧困、特殊、飛躍、音連合、不安定性などが指摘されている。また、ある言葉に与えられた病的で個人的な意味は、知覚や認知、経験の正当な評価を歪め、特異な世界観や妄想を生じさせ、それが再び、言葉の意味の歪みをもたらすという悪循環を生じさせる。

一方、ユングは「分裂病者には正常な連想が無数に存在する」と述べている。言語学者ジーン・エイチソンによれば、ヒトの言語機能は言語を更新する二つの柔軟性を備えているという。それは、既に知っている言葉の意味を拡張する機能と、新しい言葉を作り出す機能である。また、ある言葉に新しい意味が獲得されると、同じ意味野にある他の言葉や同義語の意味の変化が起きる。したがって、統合失調症者の言葉の意味構造の歪みは、内的体験に対応して言葉を変化させる能力のあらわれと見ることができる。言語新作も、既にある言葉の組み合わせから作られることが多く、言語が更新された結果といえるかもしれ

詩歌療法　147

ない。

　筆者は、ヒトに備わっている「言語の更新装置」を詩歌療法の前提として想定している。歪んだ意味の言葉によって語られる、歪んだものの見方、強迫的思考、特異な世界観、妄想などは、内容全体としての訂正が困難なことが多い。しかし、詩的装置は、文脈にとらわれない「語」の中心的意味と「語」の指し示す対象の結びつき、一般的な連想能力を回復させ、さらに、文脈の理解、メタファーの理解も改善させることを可能にする。その結果、ヒトは新たな（あるいは、従来の）、現実に則した世界観（少なくとも二重見当識）を構築できるのである。

　飯森は統合失調症者の詩歌療法について、つぎのように述べている。「詩作の繰り返しとは、そのつどちがった角度から世界を見直していくことにほかならない」。


## おわりに

　患者さんに句を見せてもらうことは、筆者にとって愉しみである。また、句をめぐる対話は、患者さんの家族にとってもこころの平和をもたらすことが少なくない。七五調の詩的装置によって紡ぎだされる患者さんの日常は、散文的に語られるものとは明らかに違った光彩を帯びて見える。句をつくることによって変化するのは患者さんだけでなく、治療者や家族の、認知・思考・コミュニケーションなのかもしれない。


〔参考文献〕
浅野欣也『癒しの連句会』日本評論社、2000年
井本農一、今泉準一『連句読本』大修館書店、1982年
徳田良仁監修、飯森眞喜雄、浅野欣也編『俳句・連句療法』創元社、1990年

[PART・2] 芸術療法とその技法

# 12 芸術療法としての心理劇

高良　聖

## 芸術療法と心理劇

　心理劇とは、ドラマ的手法を用いた集団精神療法である。ただし、ドラマとは言ってもシナリオはなく、状況に沿った形で演じられる即興劇である。この方法が芸術療法の枠に位置づけられているのは、心理＝こころの治療＝心理療法というプロセスと、劇＝演劇＝芸術というプロセスの連結が、芸術療法としての心理劇を成立させているからである。また、従来から、いわゆる「ドラマセラピー」の流れは米国においては盛んであったし、日本では昨今、「プレイバックシアター」といった、より演劇感覚に近い癒しの方法が開発されており、そのバリエーションの幅は確実に広がってきた。今日、芸術表現という視座から見た「心理劇」をもう一度とらえ直す時期にきているのかもしれない。

## 創始者モレノ

　心理劇（サイコドラマ）は、モレノ（Moreno, J. L. 1889-1974）によって創始された。彼によると、「サイコドラマとは、ドラマ的方法によって、人間存在の真実および環境場面の現実を探求する科学である」と定義され、当時の精神分析学を意識しながら独自の方法でみずからの技術を追究していった。1912年、精神分析学の創始者フロイトに出会ったモレノはこう語っている。「あなたは、面接室という人工的な設定のなかで人々と出会いますが、私は自然な環境のな

芸術療法としての心理劇　149

かで出会うことにします。あなたは患者の夢を分析しますが、私は患者に今一度夢を見るようにさせます」

ルーマニアで生まれたモレノはみずからを神と称するなど、強いカリスマ性を有した人であり、多くの逸話が残されている。もともと、自発性劇場という劇団を組織しており、そこでは既成の演劇とは異なり、その日の新聞事件を題材にしながら観客に演劇を見せていた。そのうち、劇団員の個人的生活を即興で表現させるという形態に変化し、今日のサイコドラマへと発展したのである。

なお、呼称の問題であるが、わが国では、創造的役割を志向する「ロールプレイング」、集団課題を劇化する「ソシオドラマ」、そして過去の生活史に遡りながら個人に焦点を当てる「サイコドラマ」の3領域を総称して「心理劇」と呼ぶ。なお、ここでは、一般的な広い概念として「心理劇」を使用する。


## 心理劇の構成要素

構成要素として、主治療者の「監督」、実際に主役として場に登場する「主演者」、相手役としての「補助自我」、ドラマを見ている「観客」、そして、演じられる場としての「舞台」の5つが存在する。

「監督」はいわゆるグループリーダーのことで、後述するように、いくつかの果たすべき役割をもっている。

「主演者」とは、個人の主題を集団に提供し、実際に監督やスタッフそしてメンバーに支えられながら場を進行させる主役のことである。

「補助自我」は、一般には主役を補助する人たち全般をさす。主役の相手役およびスタッフのことである。

「観客」は、文字どおり周囲で見ているメンバーのことで、観察者の役割をとっている。心理劇では、観客はセッション終了部分の「シェアリング」のところで自分自身の体験を表明する機会が与えられる。

「舞台」については、ニューヨーク州モレノ研究所には、円形三段舞台、バルコニー付という場が存在していたが、実際には、椅子で囲んだ丸い空間があれば、それが舞台として機能する。精神療法における構造としての外枠機能を有している。

## 心理劇療法家の役割

　心理劇の治療者は、「監督」という特殊な呼ばれ方をする。監督は文字どおり心理劇集団のリーダーのことであるが、あえて監督（ディレクター）と呼ぶのは、他の精神療法に比較して、かなり介入的な機能を有しているからである。ある時は万能の神、そしてある時は見えない影となって場を支える演出者として働く。ケラーマン（Peter Felix Kellermann）によれば、専門的役割は、分析家、プロデューサー、治療者、グループリーダーの4つに分類され、それぞれの最終目標として、解釈学、美学、癒し、社会性を対応させた（表1）。ここでは、いくつかの監督が果たすべき役割について列挙しよう。

### (1) オープンな雰囲気をつくる

　セラピストの個人的性格が集団に与える影響は大きい。監督の性格がそのままグループの雰囲気に直結するからである。セラピストの性格に善悪はないとはいえ、少なくとも、グループ自体がオープンな雰囲気になるように努めなければならない。そのために、監督は適切な自己開示が期待されることもあろう。いずれにせよ、オープンな受容的雰囲気を作ることはメンバーと接する際の基本的態度である。

表1　心理劇療法家の専門的役割（ケラーマンによる）

| 役　　割 | 機　能 | 技　術 | 最終の目標 |
| --- | --- | --- | --- |
| 分析家 | 感情移入 | 了　解 | 解釈学 |
| プロデューサー | 劇場監督 | 舞台作り | 美　学 |
| 治療者 | 変容の仲介者 | 影響を与える | 癒　し |
| グループリーダー | マネージャー | リーダーシップ | 社会性 |

芸術療法としての心理劇　151

## (2) 効果への期待を高める

あらゆる精神療法がそうであるように、メンバーに対して、心理劇が治療的に有効であるという期待をもたせることは大切である。実際にセラピーが進行してメンバーにプラスの変化が見られたとき、他のメンバーがその変化に刺激されてグループ全体に治療的効果をもたらすことがある。

## (3) グループリーダーとして

メンバー自身が集団内に存在していることへの興味や関心を高めるために、グループの構造に働きかける。ここで言う構造とは、時間、構成サイズ、場所などであり、セッションをもつ場所と時間を決めたうえで、できるだけメンバーが遅刻しないように、また、欠席者が少なくなるように工夫しなければならない。グループが始まった当初は、患者メンバーはお互いを知らないので、監督が仲介役を務める。つまり、初めは監督がグループをまとめる力の源となり、メンバーはそれぞれが監督と関係をもっているという共通点を拠り所として徐々にお互いの関係を作っていく。すなわち、リーダーとしてグループを活性化し、メンバーの緊張感を緩和することが求められる。

## (4) 分析家として

メンバーの行動、態度、思考、感情について、精神力動的観点や心理社会的観点から理解するのが「分析家」の役割である。精神分析理論をベースにする場合や役割理論を駆使する。実際のセッションでは、分析した事柄を言語化する必要があったり、逆に言語化してはならなかったりするのだが、いずれにせよ、監督にはメンバーの行動に意味を与えるための知識が求められる。

## (5) プロデューサーとして

監督は、セッションがある種感動的な体験となるためにグループの場を創造し、演出しなければならない。この場合の監督は、メンバーの行動が自由かつ創造的に発展しやすい状況を作るための積極的なプロデューサーの役割をとる。ドラマというアクション表現にいかに意味をもたせるかという課題は監督のプロデューサー役割に依存している。

## 心理劇の構造

### (1) 対　象

　心理劇は集団精神療法の1つの技法であるので、適応対象としては、集団に参加できる者であれば基本的には受け入れることが可能である。逆に言えば、集団への参加が困難な者は、たとえその病態水準が軽い者であったとしても、適応外ということになる。たとえば、場を独占しようとする自己愛型性格障害の者や一部のヒステリー患者、あるいは、躁状態を含む急性期の精神病状態の患者は集団への参加が困難な者であり、心理劇には向かないタイプと言えよう。

　また、対象となるメンバー選択については、事前にスタッフ間で討議しておくべき課題である。たとえば、メンバーをできるだけ均一にする同質集団とするか、あるいは、自由な異質集団とするかという問題がある。性別、年齢、疾患、目的意識に基づくメンバー構成によって、グループの凝集性や拘束性が異なるからである。一般に同質集団であれば、凝集性は深まりやすく、拘束力が強まる。一方、異質集団では、その逆で、凝集性を高めるために時間を要するが、拘束力は小さく、自由さが増すであろう。どちらがいいとか悪いとかの問題ではなく、それぞれに長所短所を有している。

### (2) 形　式

　グループには、メンバーの出入りを自由にし、セッションへの参加不参加は問わないという「オープングループ」と、グループへの参加に対して明確な契約を結び、拘束力をもたせる「クローズドグループ」の2つの形式がある。オープンは、自由で拘束性がない反面、凝集性は低く、まとまりに欠ける。一方、クローズドは、凝集力は高く、まとまりやすいが、自由さに欠け、閉塞感をもたらすことがある。

### (3) サイズ

　決まったメンバー数、大きさはないが、精神科等の医療領域で行う場合、メンバーの数は8名から12名ぐらいが適当であろう。それに数名のスタッフが加わる。セミナー形式では30名以上の大集団になることもあるが、これはあくま

芸術療法としての心理劇　153

でも研修を目的とした場合である。

### (4) 時　間

　一般の精神療法と同じく、週に1回というのが標準であるが、状況に応じて月に1回あるいは月に2回という場合もあろう。1セッションの時間は、おおむね60分から90分程度である。個人に焦点を当てるサイコドラマグループでは2時間以上要することもあるが、臨床ではあまり多くの時間を要するとクライエントの方が疲れてしまうので、無理のない時間設定をしたい。

### (5) 場　所

　基本的には、集団のメンバーそれぞれがお互いを見渡せる空間さえあれば、それで十分舞台として機能するはずである。オープングループであれば、病棟内デイルームを使用することもあるし、外来の場合は、集団療法専用の部屋があることが望ましい。実際にはセラピーを行う施設の状況に応じて決められるであろう。

## 使用される技法について

　監督が実際のセッションで使用する具体的な技法は大きく3つ挙げられる。

### (1) 役割交換法 (role reversal)

　たとえば、即興のドラマにおいて、母親と娘が対話している場面で、それまで母親を演じていた者が代わって娘役を、それまでの娘役は母親役をとるというように役割の交換を行うという方法である。これによって、他者の立場から自分を見つめるということを可能にする。また、他者の現実を内側から知る手がかりを得ることになり、有効に参加者の洞察を促すと言えよう。場の展開が膠着しているとき役割交換を行うことによって、次の新たな展開をもたらすことが少なくない。

## ⑵ 二重自我法（double）

　主役である演者に、「もう一人の自分」を参加者のなかから選んでもらい、その自分役の他者と相互的な交流をするという方法である。この場合、「もう一人の自分」役割を「ダブル」と呼ぶ。監督の意図を直接演者に伝えることのできるダブル役割の意味は大きく、時には主役の知覚する力量の上をいき、その場にいない他者に関する解釈を求められる。また、必要に応じて、主役のなかにある側面の1つを誇張したり、あるいは否定したりしながら、主役自身がみずからを理解するための援助を行う。したがって、ダブルは重要な補助自我の1つである。

## ⑶ 鏡映法（mirror）

　自分の役割を自分ではない他者に演じてもらうことによって、あたかも、鏡を見るかのように自分を観察することを可能にするという方法である。たとえば、ドラマの途中で、主役が混乱してどのように進めていいのか戸惑ってしまったとき、いったんその主役をその場から離れさせ、代わりに他のメンバーに同じ状況を再現してもらう。この一連の自分への観察によって、自己への新たな気づきを獲得する。


## 1 セッションの流れ

　1セッションは、大きく三相（ウォーミングアップ・ドラマ・シェアリング）に分かれ、終了後、スタッフミーティングとしてのレビューがなされる（図1）。

## ⑴ ウォーミングアップ

　集団全体の緊張感を軽減させるための段階で、軽い体操やゲーム、声を出すなどさまざまな方法があり、治療者としての監督は、集団全体に配慮してその緊張感を取り除くことにエネルギーを注ぐ。とくにグループができて間もない初期においては、全体をリラックスさせる作業は重要であり、それなりの時間をかける必要があろう。しかしながら、すでに集団の凝集性が高く、防衛的雰囲気が和らいでいるのであれば、多くの時間をさく必要はない。

芸術療法としての心理劇　155

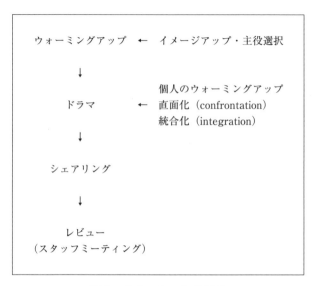

図1　1セッションの過程

　ウォーミングアップの次の過程として、治療者はメンバーに対して、イメージアップをはかる。すなわち、個人の内的世界に介入しながら、自己の課題を明らかにするための道筋を提供する。そして、メンバー各自の課題とするイメージが形成されたところで、そのセッションのドラマの主役希望者を募るのである。基本的には、主役はみずからの意志による自発性を尊重して選択されるべきであり、無理な形での強制は慎まなければならない。以上、ウォーミングアップでは、日常生活空間からドラマ世界への橋渡しの役割を有している。

〔例1〕
　〈(真ん中に1個の椅子を置く) 皆さんの生活の中で、今一番気になっている人は誰ですか？　その人をイメージしてこの椅子に座らせてください (イメージアップとしての"エンプティーチェアー"のテクニック)〉
　メンバーは、それぞれ自分の体験の中で気になっている生活史上の人物を挙げる。現実に一緒に生活している父親を挙げたり、過去に喧嘩別れした恋人、あるいは、死に目に会えずにこだわっていた亡き祖母を挙げるかもしれない。

〈(ひととおりメンバーの気になっている人物が出たところで) 今この場でもう少しじっくりとその人とのことをドラマを通して考えてみたい人は、表明してください (主役選択)〉

こうして主役洋介 (28歳) が選ばれた。彼は、職場でしっくりいかない上司との関係を何とかしたいと言う。

## (2) ドラマ

集団レベルから個人レベルにウォーミングアップが深まって、第2段階の「ドラマ」に入る。主役という個人に焦点を当てる場合は、主役個人へのウォーミングアップから直面化、そして統合化を経てドラマは終わる。

## 〔例2〕

洋介が実際にどんな状況でいつ頃上司とうまくいかなかったのか、その場所と時を明らかにさせてドラマ上に現出させる (個人のウォーミングアップ)。

洋介「先週の金曜日なんですが、帰り際に残業を頼まれてしまって、それが本当に急な頼みだったんです。他の同僚は結構断っているのに僕はどうしても『いや』と言えないんですよ。結局誰もやる人がいなくて僕が残業することになって……。実は残業とかはいいんですけど、なんかその上司を前にするとおどおどしてしまうんです」

ここでは、メンバーから上司役、うまく断っている同僚役、そして、自分自身役 (ダブル) が選ばれ、そのとき (先週の金曜日) の再現ドラマが展開された。

〈(洋介に) 今どんな気持ちが湧いていますか? その気持ちを1つずつ見つめていきましょう〉

洋介「上司を前にすると『恐い』という気持ちが出る。あと、本当は『はっきりと断りたい』という気持ち。でもやっぱりできない。『相手は目上だからきちんとしなきゃ』という気持ちかな……」

〈ではここで「恐い」という役を演じてくれる人をメンバーの中から選んでみましょう〉

こうして、「恐い」「はっきりと断りたい」「相手は目上だからきちんとしなければ」という3つの洋介の中にある内面的な役割 (心理的役割という) が選

択され、ドラマとして表出される。また、洋介自身にこの3つの役割になって
それぞれの役で上司と会話をするという場面を設定した。

〈以前に同じような体験をしたことはありませんか？　今何か思い出したこ
とは？〉

洋介「そういえば、僕はいつも父親に怯えていて、小学校5年生の時、両親
の喧嘩を見てお母さんを助けられなかったことがあって……（涙目になる）」

〈ではここで小学校5年生のそのときの場面を作ってみましょう〉

過去の体験が想起された機を逃さず、監督は、場面を過去に戻す。そして、
実際には幼くてできなかったことを、今ドラマで完成させるように援助してい
く。洋介は、勇気と強さ、大胆さ、そして甘えたい気持ちを味方にして、父親
から母親を守るというドラマを展開した。この一連の流れが「直面化」のプロ
セスである。そして、過去の修正体験を終えたところで、次に、ドラマの到達
点とも言える「統合化」のプロセスに入る。

〈もう一度最初の場面、上司との場面を作ってみましょう。今度はさっきと
は違ったやり方であなたのやりたいように演じてごらん〉

洋介「（上司に対して、毅然として）今はもう5時前なので今日はちょっと無
理です。月曜日朝一で仕上げますから、その時まで待ってもらえませんか」

ここに至って主役は、新しい「毅然とした」役割を取得した。これは、創造
的役割の獲得とみなされ、サイコドラマでは、「new role」と呼ばれている。

洋介「上司におどおどする自分が父親の前で怯えていた自分と関係していた
んですね。まさか、ここで僕の親父が出てくるなんて……。自分でも不思議で
す。もうだいぶ父も老けましたから、今は昔の迫力はないですけどね（笑）」

監督は、さらに仕上げとして現在の父親と今日のドラマを振り返るという場
面設定を行い、洋介と父親役との会話を現出させた。そして、ドラマ終了。


⑶ シェアリング

参加者各自が主役のドラマを見て感じたこと、自分自身の体験のなかで思い
出したことを表明する。ここでは、共有体験を表すのであって、決して知的な
解釈や分析ではないことを強調しておきたい。また、ドラマ的世界から現実の
日常生活へ戻るための橋渡しの役割を有している。

実際のセッションでは、ここに挙げた三相を明確に分けることはなく、むしろ、スムーズに進んでいるセッションでは境界が曖昧になるものである。通常、ウォーミングアップ20分、ドラマ50分、シェアリング20分程度要すると考えておこう。


## おわりに

　言うまでもなく心理劇は、多くの心理療法のなかのごく一部の技法である。それでも、自分のセラピーの道具箱の1つとして身につけておくことは、将来心理療法の仕事を目指す者にとって存外有効である。なぜなら、臨床家にとって大切な「遊び心」が育てられるからである。心理劇は1つの表現療法であると同時に、広義の遊戯療法であると私は考えている。

　なお、本法を学習する場として、日本心理劇学会、西日本心理劇学会、日本集団精神療法学会、日本芸術療法学会、日本心理劇協会、東京サイコドラマ協会などがあり、それぞれ定期的な研修会が開催されていることを付記しておく。

　（症例については、高良聖「心理劇の実際─非精神病圏」（徳田良仁他編）『芸術療法2　実践編』岩崎学術出版社、1998年より引用した。）


〔参考文献〕

Peter Felix Kellermann: *Focus on Psychodrama: The Therapeutic Aspects of Psychodrama.*（増野肇、増野信子訳『精神療法としてのサイコドラマ』金剛出版、1998年）

高良　聖編「サイコドラマの現在」『現代のエスプリ』459号、2005年

高良　聖「心理劇の実際─非精神病圏」（徳田良仁他編）『芸術療法2　実践編』岩崎学術出版社、1998年

　　　　　　　　　　（高良聖先生は、2017年1月31日、逝去されました。）


[補遺]

　心理劇は有効な心理学的支援法として、保健・医療、教育、福祉、司法などさまざまな分野で活用されている。"なぜ心理劇か"と問われれば、その理由の一つとして、心理劇には治療的に重要な遊び的要素のあるウォーミングアップがあり、それは、凝集性（みんなで一つになれた）を短時間で高め、安心感（こ

の場に安心していられた）をもたらすからである。またこの凝集性や安心感から、自分自身に関心を向けることが容易になる。

　本文にも記述されているように「遊び心」は臨床家にとって大切であるが、参加者にとっても大切であり、それが両者ともウォーミングアップによって育まれるのである。したがって、この技法を身につけておくことは、どのような臨床場面でも役立つといえる。

　しかし、実施するには、ウォーミングアップからドラマへのすすめ方の中で留意すべき点がある。河竹（1978）は、演劇的場の性格を自由な可能性への解放の場と述べているが、心理劇の舞台でもさまざまなことが自由に想起され、本文の〔例〕にあるように、短時間に個人の内界へ介入することが可能になり、それが課題の整理や解決につながる。しかし他方で、想起してもらうこと自体が侵襲的になる場合がある、ということを知っておく必要もある。

　したがって、心理劇を実践する際、経験上重要と思われる留意点は、まず第一に、参加者が安心して参加できるよう、安全にすすめていくことであり、そのためには、特に初学者は心理劇の「ドラマ」にこだわるのではなく、「ウォーミングアップ」を中心とした心理劇を自らも楽しむことであり、第二として、自己表現を自然な形で促しつつも無理強いしないこと、そして第三に、「いま、ここで」のグループ全体の雰囲気や個々人の状態を「関与しながらの観察」（Sullivan, 1953）により見立て、どこまででどのように介入するのがよいか考えながらすすめる、の以上である。

　本文の補遺として留意点を中心に述べた。今日、いじめや引きこもり、虐待などが深刻な社会問題として後を絶たないが、いずれも人間関係にその一因があると思われ、現代は「集団の危機」「人間関係の危機」ともいえる。今後、先の留意点を踏まえつつ、自己と向き合い、人間関係を探求する心理劇が社会で果たす役割は大きいと考えている。

〔参考文献〕
河竹登志夫『演劇概論』東京大学出版会、1978年
Sullivan, H. S.: *Conceptions of Modern Psychiatry*. 1953.（中井久夫・山口隆訳『現代精神医学の概念』みすず書房、1976年）

（駒澤大学文学部心理学科教授　茨木博子）

[PART・2] 芸術療法とその技法

# 13　ダンスセラピー

町田章一

## はじめに

「ダンスセラピー」という用語は1940年代に米国のマリアン・チェイスが最初に使い始めたと言われている。モダンダンスのダンサー、教師、振付師であったチェイスは精神科病院に入院している精神障害者とダンスをする活動を始め、精神科医や心理学者の協力を得ながら、治療の補助的手段として科学的にダンスを用いることに努めた。1966年には米国ダンスセラピー協会が設立され、養成制度や資格制度も徐々に整備され、現在でも米国はこの分野の中心的存在である。

わが国には古くから体を動かす健康法が伝わり、また、舞踊を通して自己を高める伝統もある。さらに近代になって、体を動かした新しい健康法や、ダンスがもつ「癒し」の要素に注目したプログラムが開発されつつある。このようないくつもの流れの中に、1960年代からダンスセラピーについての情報が海外から入り始め、1980年代から日本国内での具体的な試みが増加し、1992（平成4）年に「日本ダンス・セラピー協会（JADTA）」が設立された。

現在、わが国でダンスセラピーやそれに類似した活動を継続的に行っている者は100人ぐらいである。医師、看護師、公認心理師、臨床心理士、カウンセラー、作業療法士、健康運動指導士、教師、ダンス教師等が、本来の仕事の中で、または、その延長線上でダンスセラピーを行っている。欧米でダンスセラピーを学び、資格を取得したダンス・セラピストや、日本の資格をもっている

ダンスセラピー　161

ダンス・セラピストもいるが、その数は少ない。これらの活動は同じく「ダンスセラピー」という名称を用いているが、必ずしも米国のダンスセラピーをそのまま導入したものではなく、その影響の度合はさまざまである。

## セッションを始める前に

ダンスセラピーのセッションは、「個人セッション」と「グループ・セッション」の２つに分けられる。米国では個人セッションが盛んに行われているが、わが国ではグループ・セッションが大半を占めているので、本稿では後者を紹介する。

### 対象者

ダンスセラピーの対象者は一般の健常者（社会人、学生、主婦等）から、疾病者、障害者、高齢者、子どもに至るまでさまざまである。セッションの参加人数は10人前後が理想的であるが、実際には20〜30人、時にはそれ以上の参加者が一緒に行うこともある。

### セラピスト

健常者を対象にする場合は１人のダンス・セラピストでセッションを行うことも可能であるが、障害児者や高齢者が含まれる場合には、障害の種類、程度、人数に応じて、複数のセラピストで行ったり、医師、看護師、介護職員、ソーシャルワーカー、家族等に加わってもらう場合がある。

### 場　所

ダンスセラピーは精神科病院、学校、ダンススタジオ、老人ホーム等の一室で行われることが多い。ダンスセラピーだけで独占できる空間が望ましく、他の活動をしているグループと同じ部屋を共有したり、多くの人が行き交う空間で行う場合は、セッション内容が限定される。部屋の広さは、参加者全員が床に大の字に横になっても互いにぶつからない程度が理想的である。清潔な木の床であったり、カーペットや畳敷きであればさらに良い。天井は跳び上がって

も頭がぶつからないほどの高さが必要である。照明は明るさが調整できるものが理想的である。

### 時　間
セッションの時間は1〜2時間ぐらいが最も多い。

### ダンス
ダンスセラピーで用いるダンスは特定のものに限られてはいない。モダンダンス、舞踏、社交ダンス、仕舞（能）、盆踊り、ハワイアン、ジャズダンス、タンゴ等が背景になっている場合がある。また、ストレッチ、マッサージ、按摩、太極拳、ヨガ等のように、ダンス以外の動き（ムーブメント）が背景になって、ダンス・ムーブメントセラピーと言うこともある。しかし、最も多く用いられるのは、特定の振付のない自己表現、自己表出としての動きである。このような動きは特別な準備や練習を必要とせず、障害を伴っていてもいなくても、また、幼児でも高齢者でも行うことができる。すなわち、ダンスセラピーで用いられるダンスは、ダンスセラピーの目的に適うものであれば、どのようなものでも良く、ダンスの種類よりも、ダンスの用い方が重要である。ダンスセラピーでは、ダンスを治療の補助的手段として、心理療法や芸術療法の1つとして、また、健康の維持・回復・増進のために、さらにはQOLの向上のために用いる。したがって、美醜を問わず、技巧の巧拙を問わず、競争をしない。

### 音楽、小道具
音楽を使うことも、使わないこともある。CDから音楽を流すことが多いが、楽器を生演奏したり、参加者が音具を用いて音を出したり、声を出して歌いながら行うこともある。また、薄布、ボール、風船、バトン、団扇、マスク（仮面）、パラシュート等の小道具を使うこともある。

### 言　葉
ダンスセラピーでは体の動きがセッションの中心となるが、言葉（主に音声言語）が使われることも多い。動きに関する指示を言葉で与えたり、イメージ

ダンスセラピー　163

を与えたり膨らませたりするだけでなく、音声言語を発したり聞いたりすること自体が体の動きを伴うものであり、とくにそのプロゾディー（息の使い方、緊張の程度、声の強さ・暖かさ等）は心身の状態を良く反映させている場合が多いと考えられている。

## セッションの実際

### セッション前の打ち合わせ

　セッションを開始する前に、セラピストは可能な限り、参加者の心身の状態を把握する。とくに、病院や老人ホームで行う時には、医師、看護師、介護職員等との打ち合わせが不可欠である。

### セッション

　ダンスセラピーのセッションは、あらかじめ用意されたプログラムに従ってその通りに行われるものではない。参加者の一人ひとりがいつどのような状況になるのか、細部までは予測がつかないので、セッション自体が参加者とセラピストによる1つの即興と言える。具体的内容は毎回異なり、1つとして同じものはない。したがって、セラピストはさまざまな可能性を予測して万全の準備をしてセッションに臨むが、セッションが始まれば、それまでの準備にこだわらず、個々の参加者やグループ全体の動きを把握し、つねに参加者の安全を図り、セッションの目的が達せられるように働きかけ、予定の時間内に終結するように配慮する。

　セッションは導入、展開、終結の3段階に大きく分けられる。全体がこれら3つの簡潔な構造になる場合もあるが、それぞれの部分が5分から10分程度の短い動きの連続になる場合もある。

## 導　入

　セッションの導入部分で行うことは、
　①参加者の身体的、精神的ウォーミングアップをして、次の展開部分に備え

ること、

　②セラピストが参加者の身体状態、精神状態を観察し、その日のセッションの流れ（方向、スピード、強さ、リズム）をつかむこと、である。

　次にいくつかの例を示すが、これらはあくまでも一例にすぎず、また、必ずしも代表的なものではない。

〔例１〕立位から

　全員が立った状態で両手を下げ、そのまま体を左右にねじり、その動きに従って弛緩した腕を体にまとわりつかせる。でんでん太鼓をゆっくりと動かすような動きである。各人がその時に自分が最も気持ちが良い強さ、スピード、方向をみずから探しながら行う。セラピストは適宜動きについてのヒントを言葉で与える。体がほぐれてくるに従い、動きの質も変わり、次の即興的展開に導いていく。これは岩下徹が精神障害者や一般社会人を対象にして行うセッションでしばしば用いる方法である。

〔例２〕座位・臥位から

　全員が床に座ったり横になり、まず自分の体をマッサージする。セラピストは、マッサージの手順を示しながら、参加者の意識を体に向けてゆく。体の各部分を指圧したり、ストレッチをしながら、体の中でこわばっているところはないか、押してもらいたいところはないかなどと自分の体に尋ねると、体から、「背中を動かしてくれ、腰をのばしてくれ……」などとの要求が湧いてくる。それに従ってしばらくマッサージをしたり体を動かす。次に、二人組になって互いにマッサージをする。これは芙二三枝子が学生や一般社会人を対象に行う時にしばしば用いる方法である。

〔例３〕椅子座位から

　全員が椅子に座って円陣を作る。ゆっくりとしたテンポの音楽をかけ、セラピストは円の内側をゆっくりと歩行し、全員に話しかけながら簡単な動きをする。「今日は外はとても寒いんですよ。手をこすりましょう（動作）。ハーっと両手に息を吹きかけて（動作）。次に自分の前の空気を両手でゆっくりとかき回しましょう（動作）。上の方の空気もかき回して（動作）。下の方の空気もかき回して（動作）。それから上の方の空気と下の方の空気と混ぜ合わせましょう（動作）。ちょうど良い具合になったら隣の人に温かい空気をフワーッとか

ダンスセラピー　165

けてあげましょう（動作）……」。参加者はセラピストの動きを正確に真似る必要はなく、セラピストの動きに刺激されて自分なりの動きをすることが目的である。セラピストはそれぞれの参加者がそれぞれの仕方で参加できるような動きを提示し、時にはセラピストとは多少異なった動きをしている参加者を真似て、全員で動いてみる。このような導入は著者が高齢者を対象とした場合にしばしば行う方法である。

　老人ホームで行う場合には、立ったままの姿勢では体力が続かず、転倒の可能性もある。また、一度床に座ってしまうと立ち上がることが困難になる。さらに、車椅子での参加者も含まれる場合が多いので、全員が椅子に座った形で行うほうが一体感が得られ実施しやすい。


# 展　開

　その日のセッションの中心となる部分が「展開」である。この部分はセッション全体を特徴づけるものであり、参加者やセラピストによって大きく異なる。ダンスセラピーでは参加者の動きを尊重することが基本であるが、セラピストが参加者の動きをどの程度リードするかによって大きく２つに分けられる。

　①セラピストはほとんどリードせずに動きの展開を参加者に任せ、安全と時間の管理に徹する。

　②セラピストが次々に動きやワークを提案し、参加者は自分のできる範囲で、また好む範囲で動いて行く。この場合セラピストは、どのようなことをするかこころづもりをしてセッションに臨んでいる場合もあるが、導入部分の状況によって、前もって考えていたものとは別の展開になることも少なくない。

　どちらの場合でもセラピストに対しては、展開に対応するための多くのアイデア（ヒント）をもっていることと、未経験の新しい展開になった場合でもセラピーとしてまとめあげる創造力、構成力をもっていることが求められる。

　〔例１〕リズミック・グループ・アクション

　セラピストが音楽をかけ、参加者には各々自由に動いてもらう。初めのうちは導入場面で行ったような動きを各人がばらばらにしている。音楽は５〜10分ごとに変わってゆく。身体が変化することにより、また、変わりゆく音楽に刺

激されて、新しい動きを始める参加者が現れる。参加者は互いに影響し合い、2〜3人のグループで動いたり、全体が大きな1つのグループで踊ったり、分散・集合を繰り返す。セラピストは参加者の安全を確保し、それぞれの主体性を認めながらも、目立たないようにグループ全体を活性化したり沈静化する。また、参加者同士の相互作用を生かしながら、参加者にさまざまな機会を提供し、その中から参加者が自由に選べるように配慮する。

　これはチェイスが精神障害者に対してしばしば行った方法である。集団の中で即興的に動くことにより、参加者一人ひとりが自分の心身の状況を理解するヒントが得られ、社会性を高めて行く。

〔例2〕鏡のエチュード

　二人組になって向かい合い、自分の右掌を相手の左掌に、相手の右掌を自分の左掌に合わせる。両掌を合わせたまま、片方が音楽に合わせて体を動かし、もう一方はその動きに身を委ねる。しばらくしてから役割を交換し、他方が動きをリードする。これを何度か繰り返して行くと次第に両者の息が合い、しまいにはどちらがリードしているのか分からないほどに両者が一体化した動きになる。次に、互いの掌を10センチメートル、30センチメートル、1メートルと次第に離した状態で、一方が動き、他方は鏡に映った姿のように真似て動く。この時には必ずしも両掌を互いに合わせている必要はないので、動きをリードする者は回転、跳躍等、さまざまな動きが可能である。そしてさらに、相手の動きを真似ても良いし、真似なくても良く、互いに相手の動きを意識しながら音楽に合わせて動く。ここまで来ると、踊ったことのない者でも、いつの間にか自分が即興的に踊っていることに気づく。動きによって相手と楽しく気持ちの交流をしながら、自己表現、自己表出の体験をする。これは芙二三枝子が一般健常者を対象にして行う方法の1つである。

〔例3〕中心探し

　音楽を用いずに、グループ全体で動くワークである。まず、「セラピストが1つ手を打ったら歩き、また1つ手を打ったら止まる」というルールで全員が動いたり止まったりを繰り返す。次に、「セラピストや参加者の合図なしに、無言のうちに参加者の誰かが歩き始め、それが全体に及び、また、誰かが止まり、それが全体に及ぶ」というルールで全体が動いたり止まったりする。次に、

ルールはそのままにして、さらに止まる時には「さまざまなポーズをとる」「誰かに自分の体の一部が触れるように」「誰か中心になる人を意識する」等の課題を付加し、グループ全体の動きをダイナミックに展開して行く。

これは岩下徹が精神障害者や一般社会人を対象にしばしば行う方法である。自己の自由を維持しながら、全体の調和も考える経験になる。


## 終　結

セッションの終結部分で行うことは、

①参加者に対して終了するための心身の準備を促すこと、

②セッションの全体をまとめること、

③セッションから日常の世界に戻る橋渡しをすること、

である。とくに展開部分で心身が高揚した場合には沈静化するように配慮し、反対に展開部分で十分に弛緩した場合には、ほど良い緊張を与える必要がある。老人ホーム等で継続的に行われるセッションの場合は、同じような終結の仕方をすることにより、終結の心構えができやすくなる。

〔例1〕寝返りごろごろ

全員が床の上に横になる。静かな音楽が流れる。セラピストが1つ手を打つと参加者は1つ寝返りをする。この寝返りを何度かゆっくりと行った後に、参加者の各々が、必要な時に好きなだけゆっくりと寝返りを打つ。ほど良いところで起きあがり、全員で終了の挨拶をする。

この方法は、展開部分でかなり多くの運動を行った場合に、休息とリラックスを兼ねた方法の1つである。

〔例2〕人の温もりを感じる

全員が1つの輪になり、右を向いて数珠つなぎに座る。各自が自分の前にいる人の背中を軽く叩く。全員が回れ右をして、先ほど叩いてくれた人の背中を軽く叩く。前の人との間隔をつめて、両掌を背中（肺の後ろの位置）に軽く当てる。その手の甲の上に自分の左側の頬を乗せて目を閉じ、そのまましばらくじっとしている。次に右側の頬を乗せる。相手の体の温かさ、心臓の鼓動、呼吸の動き、命の尊さ等を感じる。ほど良い頃に輪を解いて立ち上がり、全員で

終了の挨拶をして拍手をする。

　展開部分で心身がほぐれ、互いの体に触れ合うことに何の違和感もなくなっている場合に行われる。一般社会人に対して行われる方法の1つである。

〔例3〕万歳三唱

　参加者の中から、最近の良かったこと、嬉しかったことなど、万歳三唱をするテーマを募る。「お昼に食べたお蕎麦がおいしかった」「なくしたと思っていた財布が見つかった」等、日常的なたわいもないことをとり上げる。テーマを出した人が万歳を受ける人となり、輪の中央に出る。そこでセラピストが音頭をとって全員で万歳三唱する。万歳三唱は両手を上げるという単純な動作であるとともに、動作と構音器官（とくに唇、顎、舌）の動きが良く合っているので発音しやすいため、身体的、精神的機能がかなり低下した人でもそれなりに可能である。また、全員が一緒に同じ行動をするので、連帯感が感じられる。輪の中央で万歳を受ける人は全員から注目を浴びて、ほど良い緊張感と充実感を感じる様子である。著者が老人ホームで用いている。


## セッションが終わってから

### シェアリング

　セッション終了後に、参加者とセラピストが感じたことを互いに話し合い、各自の体験を共有し、言語によってさらに中味を深めることがある。また、お茶を飲みながら余韻を味わったり、軽い会話を楽しむこともある。


### セッション後の打ち合わせ

　セッションの記録を作成し、スタッフとともに全体を振り返って意見交換をする。次回のセッションへの申し送り事項を確認し、記録する。


### 効　果

　効果についての科学的検証は不十分であるが、一般的に次のようなことが言われている。

①身体的側面：自分および他の参加者の身体状況について新たな発見をし、

自己解決能力を高める。また、疲労感、体のこり、身体の不調が軽減されるとともに、運動機能の維持、回復、増進につながる。

②精神的、心理的側面：自分および他の参加者の精神的、心理的状況について新たな発見をし、自己解決能力を高める。また、日常生活とは異なった場面で気分転換ができたり、言語では表現しにくい、こころや感情の状況を表現できるので気持ちが晴れる。

③社会的側面：自分および他の参加者が社会（集団）とどのようにかかわりをもつ傾向にあるかについて新たな発見をし、自己解決能力を高める。また、体の動き等による非言語コミュニケーション能力を向上させる。さらに、一緒に楽しい時間を過ごすことにより、連帯感を味わい、孤立感が軽減される。

## ダンスセラピーを体験するには

日本ダンス・セラピー協会の月例研究会（東京）では毎月交互に実技と理論の情報交換を行っている。また、協会のホーム・ページ（https://jadta.org/）には会員が関係している国内外のワークショップのお知らせが載っているので、その中から選んで参加することができる。

同じく「ダンスセラピー」と称しても、セラピストによってその内容は多様である。少ない体験でダンスセラピーについての評価を決定せずに、今の自分にあったダンスセラピーやセラピストを探し、良い出会いがあったら続けてみると良い。

## ダンス・セラピストになるには

わが国では臨床技術、理論、職場開拓のすべてがまだまだ未開拓なので、ダンス・セラピストになるためには開拓者精神が必要である。

わが国の養成制度は2004（平成16）年から始まった。日本ダンス・セラピー協会ではダンスセラピーに興味をもつ人や資格取得を希望する人に対して研修講座を開催し、理論と技術を学ぶ機会を提供している。くわしくは協会のホーム・ページを参照のこと。また、日本ダンス・セラピー協会等を情報源にして、

先輩たちが主宰するワークショップに参加したり、来日した外国人ダンス・セラピストや外国に留学した先輩たちから学ぶことができる。ただし、他人の臨床技術はヒントにすぎない。自分のダンスセラピーを創造する気迫、努力、才能が必要である。

　また、資格制度については1999（平成11）年から日本ダンス・セラピー協会が「ダンスセラピスト」を認定している。その後さらに「アソシエイト・ダンスセラピスト」「ダンスセラピー・リーダー」の資格認定も始まった。その他、米国、英国、イスラエル等に留学し、資格を取得する者もいる。どのような方法で資格を取得したとしても、わが国で職場を開拓することはまだまだ容易ではない。

[PART]3

# 芸術療法の新たな広がり

[PART・3] 芸術療法の新たな広がり

# 14 ターミナルケア施設における芸術療法

## 富澤　治・中根千景・園 麻由子

### はじめに

「ターミナルステージ（終末期）」とは、心理的には単なる時間的な区分では
ない。たしかにそれは一般には「致死的疾患に罹患していて、その死が確実視
されている場合の、死亡する前の６ヵ月」というふうに定義されている。しか
し患者本人がそのことを知らなければ、その時間が終末期でない他の時間と分
かたれ、特別な意味をもつ期間だということは意識されえないだろう。すなわ
ち死ぬことが確実であって、そしてそれを「知っている」ということによって
初めて終末期は心理的に意味をもつのである。

本来死は確実に訪れる可能性であるのにもかかわらず、通常（健康なとき）
それがいつ来るのかわからない、という理由をもって、われわれは死への不安
を遠ざける。終末期であるという診断、告知は、そのような日常から、潜在的
ではあるがあらかじめ確実に措定されていたはずであった「死」への覚醒によ
って、規定されるものであろう。

身体的に健康な日常においては、死の可能性を意識から疎外しつつ、精神的
平衡を保って生活することは、ある意味で健康な態度であるが、終末期である
という診断は、このような日常から、本来避けがたいわれわれの生の、人生の
根本的な問いかけに引き戻されるということに他ならない。

このようなとき、われわれが取りうる態度は基本的に２通りある。１つは死
をあくまでも抑圧しようとする態度であり、もう１つは死を"受容"しようと

ターミナルケア施設における芸術療法　175

する態度である。もとよりわれわれはどちらの態度が優れているとか、正しいと断じることはできない。ただ、われわれ治療者がこのような臨死の人々に立ち会い、その態度を理解し、援助することを求められるのであれば、まずこのような終末期の本質を考え、さまざまな心理療法の中で、芸術療法がどのような独自性をもちうるのかを検討することが必要だろう。

## 終末期の心理的特質と芸術療法

　終末期の特質とは何か。それはあたかも「これから失われるであろうもの」と「すでに失われたもの」とによって構成されているかのようである。すなわち、終末期は生命、人生、生活を「近い将来失う」という前提によって成り立っている。これに加えて多くの患者は、健康な身体機能、自由な時間、社会的な信用、経済的な生活基盤、などをすでに失いつつある。それは健康であった"自分"を失う過程であるともいえるし、そもそもこの「自分とは何か」という、看過できない大問題が、あたかも突然自分に降りかかってくるかのような体験であるともいえよう。

　前段で述べたように「健康であるときには死（と生）の問題を考えない」ということを"正常な"態度であるとするなら、残されたわずかな時間——終末期——の中で、それまで考えなかった自分自身の死と生の問題を扱うこと自体に、当然"無理"があるということになろう。であるなら、終末期になったとたんに大慌てで死の意味を考えるよりも、今までどおり（死ぬまでは）知らんぷりをする、という態度はおかしなことではない。実際われわれの経験からすると、このような態度の終末期患者は珍しくない。

　しかし、終末期の困難な点のひとつは、このような死が、どんなに抑圧しようとも確実にやってくるということにある。同時に他方では、死はこのように確実にやってくるものではあるが、生きている人間は誰もそれを実践することはできない、という問題も存在する。生きている人間にとって死は、他者の死を通した推測としてしか存在しない。それは死を考える私が生きている限りにおいて感じうる主観的概念でしかありえない。つまり終末期にありうるもう1つの態度、「死を受容する」ということも、正確には自分の死そのもの、では

なく「自分が死ぬということ」を生きている限りにおいて受容する、ということなのである。

　では、このような状況の中で死に対峙するとき、心理療法は何をなしうるのだろうか？　終末期の精神力動を、前述のように「自分を失う過程」あるいは「自分とは何か（何だったか）を不意に問われる状況」と仮定することが、それほど的はずれでないとすれば、死に臨んで問われるのは、今私から失われようとする「自分のこころの中にある自分」とは何であるか（あったか）、そしてそれがいかに守られるか、ということなのである。こころの中の自分とは、自己対象としての自己像、"シニフィエの自己——自分として意味されたもの"、といえるかもしれない。

　芸術表現を媒介とする芸術療法が意味をもつとしたら、芸術表現を通じて自分のこころの中に住まうシニフィエの自己が「救われる」「守られる」ということなのだろう。

　フランプトン（Frampton, D. R., 1989）が「人が何かを書いたり表現したくなるのは、単に退屈だからではなく誰かに何かを贈りたいからである」と指摘するとき、その「誰か」とは単に生き残る他者だけでなく、何よりも自分をも含んでいる。死にゆく自分がシニフィエの自己と生き残る他者とに何かを「遺す」ことによって救われるのである。

　マスターソン（Masterson, J. F., 1981）は「自己愛パーソナリティ（障害）では自己像へのリビドーの備給が過剰であるのに対して、境界例の場合は貧困である」と自己愛型人格構造（ＮＰＯ）と境界型人格構造（ＢＰＯ）の違いについて簡潔で決定的な指摘をしているが、終末期においては「自己像へのリビドーの備給」ということは非常に重要なポイントになる。終末期の患者は、フランプトンの指摘するように「患者としての側面のみを強調され、その人の他の面を無視されがちになる」。つまり、「他者にとって価値のあった自分」を奪われ、社会や他者との関係性の中でなく、孤独な心理的内界の中に自己を定位することを強いられる。このようなとき「自分が自分に贈り物をする」ということ、あるいは「何かを遺す自己」を、共感的他者との相互主観の中で抱えるということは、拡散していく自己像、失われていく自己対象を凝集し、終末期患者に自己像へのリビドーの備給を増強させる動きとなるはずである。

このような意味で芸術療法は優れた利点をもつだろう。芸術表現は自己の投影であるのと同時に、表現された瞬間に再び自己へ揺り返し、自己を凝集する。それは投影（projection）であるのと同時に、取り入れ（introjection）である。そのような表現行為と表現されたものが共感的な他者との相互主観によって支えられたとき、シニフィエの自己は保たれ、守られ、また"創造"される。

終末期に立ち会う治療者にとって要請される基本的な姿勢は、直面化し洞察を促すというよりは、より支持的で受容的な態度である。その意味でも、このような患者の芸術表現を媒介とすることによって、患者のみでなく治療者自身も守られ、受容的な態度を維持できるような形で芸術療法が行われることが必要であろう。


## 具体的な手法

芸術療法と一口にいっても、その技法はさまざまであり、また患者の身体状態やおかれている環境によってもやり方は変わってくる。絵画や造形などが行える場所が特別に用意してある施設や、身体状態が良好な患者の場合などは、選択も広がるが、ベッドサイドでしか行えない場合も少なくない。こうしたことを考慮しながら、それぞれの手法について簡単にまとめておく。


⑴ ダンス・ムーブメント

患者の身体状態がよければ、ダンス・ムーブメントは、患者の身体に直接働きかけることによって生き生きとした身体性を賦活する。また、慢性の疼痛に対する有効な方法となる可能性がある。


⑵ 絵画、コラージュ、造形、箱庭

身体状態がよければ、決められた場所に好きなときに行って創作活動ができる小グループで行う方法もある。6～7人のメンバーがテーブルを囲んで座り、さまざまな材料が用意された中で患者がイメージするままに創作していく。グループで行う場合、参加者たちの集団力動が大きく影響するが、その創作過程に同伴し、そこに表現されたものを共有する治療者の存在が不可欠である。

また、ベッドサイドで行う場合、材料を豊富に用意することが難しかったり、患者の容態により制限されるが、それは同時により個人的な表現行為となるため、自分の内面に注目する側面が強調される。

### (3) 詩歌、文章表現

日本では、辞世の歌や句があるように、また俳句や短歌によって内面を表現し深いこころの交流をもってきたように、俳句や短歌はこころを表すすぐれた表現手段であり、ターミナルケアにおいても有用である。身体状態が悪くベッドサイドでの面接しか許されない患者においても、これらの方法が最も負担が少なく、かつ効果が大きい。それらは簡潔な言葉で完成し、ベッドで寝ながらにして作ることができる。

### (4) グループによる音楽

音楽はさまざまな形で用いることができる。作曲したり、既存の曲を演奏してもよいし、楽器が苦手でも鑑賞会を開いて聞くだけでもよい。その場に流れる雰囲気を共有したり、個々人のこころの動きが賦活されることに意味がある。ベッドサイドでもカセットデッキやイヤホンによって手軽に利用でき、患者に負担を強いらない。

## 時間を乗り越えるために

はじめに述べたように、われわれ「凡人」は普段、つまり健康なときには、自分が病気になる可能性をほとんど省みない。ましてや死ぬことなど予想だにしていない。そのような形で「病気」「死」を自らの意識から疎外して精神状態を安定させることも、また正常な態度の1つなのであろう。

しかし終末期に「無理が生まれる」とすれば、それは結局のところ、このような「終末期でないとき」のこころのありようと終末期とが心理的に断絶していることの無理さによるのである。なぜなら、死は観念であるにせよ確実に措定された前提であり、その潜在化した観念としての死が実現することが、個体としての死であるのだから。

ターミナルケア施設における芸術療法　179

その点から終末期、あるいは臨死、ということを考えれば、本来われわれはいつも「臨死」なのである。われわれは"本当は"明日死んでもおかしくないし、明日ではないとしてもいつか必ず死ぬのだ。

　同じようなことは芸術療法も含めた心理療法でも当てはまる。健康な人間が死を忘れるように、心理療法はしばしば「時間」というものを忘れる。いったん治療契約がされれば、その終結まで、時間は無限に続くように考えられてしまう。しかし"本当は"そうではない。芸術療法に限らず、終末期における心理療法はさまざまな困難を伴うが、その困難さの多くは、このような、心理療法の「時間」に対する態度に起因する。すなわち、心理療法というものは、「これからも生き続ける人」が「生き続けていくために」必要とするものだからである。そのこと自体は「健康人が死を忘れるのは正常な適応態度である」というレベルでは間違いではない。しかし、終末期における心理療法は、「もうすぐ死ぬ人」が「死ぬそのときまで」何を必要としているか、という視点から考えられなければならない。そのとき「終末期でないとき」と終末期が心理的に断絶していれば当然無理が生じるように、心理療法というものが時間ということに対して従来の態度を崩さないまま終末期に臨めば、当然そこには無理が生じるだろう。

　芸術療法が終末期の心理療法において何がしかの価値をもつとすれば、このような「物理的に無限に持続する時間」という幻想を乗り越えるものとして存在しなければならない。

　自己の投影であるのと同時に取り入れである芸術表現を通して、死の実現するその瞬間まで、創造された自己がこのような意味の時間を乗り越え、救われるとすれば、それは芸術表現、そしてその表現を通してつながれた他者との相互主観によって、彼の生と死——厳密には生き続ける限りの「死」という概念——が拡散することなく支えられるということである。それはあたかも神話が人類の創世を支えたように、彼の中で芸術表現が存在するということでもある。

　エリアーデ（Eliade, 1963）は「神話が生きている社会の人間は、『暗号』で表され、不可思議ではあるが、『開かれている』世界に住んでいる。世界は人間に『語り』、彼はその言葉を理解するために、神話を知り、象徴を理解しさえすればよい。世界はもはや勝手に投げ込まれたものの不分明なかたまりでは

なく、明晰な、意味深い、生きた宇宙なのである。つまるところ、世界は言語として自らを顕わす」と述べている。このエリアーデのいう「言語」ということこそ、終末期心理療法において芸術療法が目指す役割であるのだろう。それは決して単に話し言葉、書き言葉としての「言語」ではない。何かを表現し、指し示したその瞬間に、新たな意味を創造し、しかもその表現が他者に対して開かれている、という意味での「ことば」なのである。そして芸術療法がこのような意味での、「ことばを越えたことば」であるとき、その独自性を失うことは決してないだろう。

　終末期医療における芸術療法の可能性は大きいが、同様に課題も多く、今後の検討がさらに必要とされる分野である。筆者らの経験も決して十分なものではなく、多方面からご批判を頂ければ幸いである。


　［追記］
　本稿を著した2000年以降、2002年にはＷＨＯ（世界保健機関）による「緩和ケア」の再定義がなされ、本邦でも「緩和ケア病棟」、「緩和ケアチーム」「緩和医療」などが保険診療報酬にも組み込まれるようになり、さらには2007年の「がん対策基本法」が施行されたことで、緩和医療はようやく「当然あるべき医療の一分野」として、認知されつつある。在宅にせよ、病院などの施設にせよ、緩和医療においては精神的な援助が非常に重要であるという認識も定着しつつあるが、一方でこのような精神面のサポートをする医療者、スタッフの量的、質的な充足が十分でないこともまた事実である。

　筆者の一人（富澤）も、週1回総合病院の緩和ケア病棟で終末期の患者さんや緩和ケアチームの人たちと関わる機会をもっており、2003年には日本芸術療法学会において「ターミナルケアにおけるコラージュ療法の試み」を発表したが、この10年の間にこのようなターミナルケア現場での芸術療法の研究発表はまれであろうと思われる。

　私見ではターミナルケアにおける芸術療法では、音楽——それもＣＤなどの完成された音源を治療者と患者さんが一緒に聞くというスタイル——とコラージュなどの技法がほとんどではないかと思う。それは患者さんのニーズ、というよりも芸術療法を提供する施設、医療者側の要因——時間も場所も技術も十

分確保されていないという——が大きいと思われる。

　10年も前の本論文を読み返すと、肩を怒らせて思弁的な、机上の空論を声高に語っている自分がいるようで恥ずかしい限りだが、芸術療法が他の心理療法的な介入と比べてアドバンスをもつとすれば、それはやはり本稿にあるように「患者さんが何かを創り（たとえそれが「一緒に音楽を聴く」という形であったにせよ）、そしてそれを誰かに贈る」という点にあるのではないかと思う。今回それを再認識した次第である。


　（最後に貴重な示唆をいただいた八巻蔵人先生に深謝いたします）

[PART・3] 芸術療法の新たな広がり

# 15　老年期痴呆と芸術療法

中川保孝

## デイケアと芸術療法

　1965年、佐賀県嬉野町という農村地域の温泉地で精神科を開業、4〜5年経過した頃から地域社会の急速な過疎と老齢化に伴う痴呆老人の受診、入院が急増し、それに対応してきた結果、現在、当病院・施設には痴呆老人の入院・入所が合わせて500名余りとなっている状況をまず理解していただき本題へ移りたい。

　老年期痴呆の入院治療に携わって30年、治療としては薬物療法よりも芸術療法と日常生活再生活動を最大のよりどころに老人性痴呆疾患治療病棟・療養病棟、老人保健施設痴呆専門棟と随時、多様に適応してきたが、ここ3〜4年前から、痴呆の初期で家族がかろうじて支え対応している老人を、できるだけ早期に通所デイケアで芸術療法を実施したならば、痴呆老人自身や家族にとって有意義であり、ひいては国や社会にとっても大いに貢献できるのではないかという発想を抱き始めるようになった。

　入院している痴呆老人の日常生活再生状況が（家族の理解と協力が必要であるが）一応退院できる状況になり、家庭復帰の計画を立ち上げても、さまざまな困難が生じる。家族の方にあまり強く話をしてしまうと、次に来院した時は他の施設へ転入所するための手続きをされる。転所後の様子をうかがうと、当院入院時にみられた症状と同じような悪い状態に逆戻りしているとの報告を受け、誰の、何のための入院、治療であったのか、いかに対応すべきであったのかと

老年期痴呆と芸術療法　183

悩んだこともあった。その結果、対策として訪問看護ステーションを開き、痴呆老人をデイケアへと誘い、芸術療法と日常生活再生活動をしていくことを決意し、医療法人財団友朋会という農村地域の病院に附設した。

　また、遠隔地（通所送迎不可能地域）の方たちのためにグループホームを開設したところ、入院中の状態よりも日常生活機能と精神機能の再生、活性化が顕著に認められ、表情、態度が入院中よりさらに明るく活発になることを観察することができた。


## 「ものわすれクリニック」の開業

　以上のような経験を生かして、痴呆老人医療・福祉対策の遅れが目立つ大都市で、あえてクリニックを開業することを、わが老いもかえりみず実行に移すことにした。都市の中心部で永年生活し孤立化しようとしている老人の方々に対し、ものわすれ、徘徊、失行、失認、物盗られ妄想などの状態が出始めた頃に正確な診断をして、通所デイケアで芸術療法を行い、入院はせずに家庭生活を維持してもらいながら痴呆の進行を少しでも遅らせようというのである。孤立しがちな老人たちに、作品を創作するという楽しみと、同じような多くの人とのコミュニケーションを提供し、痴呆老人であっても、老後に明るさと生活の楽しみが生まれて暮らしていけるようにすることは、十分意義があり、そのための貢献もできるだろうと考えたのだ。診療所の名称も「ものわすれメンタルクリニック」とし、痴呆疾患だけの外来とデイケアとした。

　なお、痴呆の診断については、生活歴、痴呆の発症歴、現在の日常生活を詳細に聞き取り、改訂長谷川式テスト、ＭＭＳテスト、コース立方体組合わせテスト等にＭＲＩ（磁気共鳴装置による画像診断）を併用して総合的に診断し、6ヵ月ごとに再検査を行い、経過を観察した。痴呆の鑑別診断、今後の問題相談についてできるだけ適切な痴呆の理解と具体的生活指導を行うことをクリニックの役割とした。

　痴呆老人と呼ばず「ものわすれ」としたのは、理由がある。痴呆は、ものわすれが初期から周囲の人たちの間で問題になり、発症し、認知される。さらに、「ぼけ」「痴呆」という単語や呼称は人を卑下し差別したような語感があり、ま

184

た、老人自身も「俺は（私は）、『ぼけ』てはいない『痴呆』にはならない」という反発とプライドがある。永い年月、家庭でも社会でもそれなりに自信を身につけ努力精進してきたという生活歴があり、絶対に「ぼけ」ない、「痴呆」ではないと、痴呆の初期であればあるほど強い姿勢と頑固なまでの態度を堅持している人が大多数なのが現状である。その状態を勘案して、少しでもソフトな語感をもち、また20代から現れる健康な「ものわすれ」という言葉には馴れと親しみがあると判断し、「ものわすれメンタルクリニック」と呼ぶことで、言葉と観念のバリアフリーとしたつもりである。

　筆者は、1955年に絵画療法を、精神分裂病、とくに陳旧性分裂病者（発症して４～５年経過し、まだ入院を必要としている分裂病）を対象として始め、その後、陶芸療法、園芸療法、音楽療法と拡大してきた。これらを総称して芸術療法と呼んでいる。

　痴呆老人に対して芸術療法を用いたのは、1970年、入院中の痴呆老人に施行したのが始まりである。そこから現在まで、老人保健施設、デイケア、グループホームへと発展させながら、継続実施してきた。芸術療法は医師一人ではできない治療法であり、技法と理論、そして多くの実習訓練をうけ、その経験をもった治療グループのチームワークが必要である。そのため、適時、療法士の育成が必要であるが、その願いは十分にはかなわなかった。そのため優秀な人材育成の目的で、1999年４月より芸術療法士養成塾を開設、現在４名の塾生（全員芸大・美術大卒）と５名の聴講生（陶工や看護師）を３ヵ年教育・実習させ、卒業時、論文審査後、友朋会の芸術療法士と認め、修了証を授与、芸術療法士として活躍してもらうことを期待し、育成に励んでいる。


## 症例から学ぶもの

(1) 徘徊といわれている行動の意味を再考させられる症例から

〔症例Ａ〕女性、78歳、アルツハイマー型

　道に迷うようになったのは３年前からで、その頃、腰が痛いと訴え、整形外科に２週間入院してから痴呆（ものわすれが主症状）が著明になり、退院後から無断外出が始まり、本人は散歩や買物のつもりで外出したというが、帰り道

がわからなくなり、他人に家まで送ってもらったり、商店の人から電話で迎え
を伝えてもらうようになった。その他、火の不始末で鍋を焦がすようになり、
炊事ができなくなり、風呂に入っても体も髪も自力では洗えず、金銭の管理も
まったくできずに財布・通帳を探し回るようになり、不眠が出てくるようにな
って、当外来を受診し、デイケアで芸術療法を始めた。

　2～3ヵ月経過した頃、作画中、風景を描いていたので散歩の話や買い物の
話をしながら道に迷わないかと尋ねてみると、「ハイ、私は外出すると、すぐ
帰り道がわからなくなるのですよ。しばらく帰り道を探して歩いていると通り
がかりの人が『どうかなされましたか』と尋ねられるので帰り道がわからず困
っていると伝えると、住所を尋ねられ、私は自分の住所と電話番号はよくおぼ
えているので、それを伝えると家まで送ってもらい、助かっております。私は
ここ何年か前から頭がパーになってきましたので道に迷うようになりましたが、
親切な人やお店の人たちに助けてもらってばかりで誠にありがたいことです」
と、ニコニコして答えてくれた。

　家族からの連絡ノートには、時々土曜・日曜の外出がまだあるという報告が
ある。家族が探し回ることはなく、必ず何らかの方法で帰宅はするそうである。
本人は徘徊して帰宅ができず困るという認識より、時には散歩をしたり、買い
物に行きたいという人間らしい衝動から始まる意志を行動に移すようだ。家族
もその行為について「ぼけ」や「痴呆」の始まりではないかと本人に直接言う
ことは避け、母を暖かく支え、外出時の注意を子どもに言いきかせるごとく、
できるだけ人に迷惑をかけないよう助言するだけにしているので、本人は生来
の明るい性格のまま、素直に徘徊についての感想を丁寧に説明してくれ、その
体験から得た記憶をたどり、風景をそれとなく描いているようでもある。


〔症例B〕女性、62歳、アルツハイマー型
　50歳代後半より、ものわすれが著明になり身の回りの整理・整頓ができず、
家事がまったくできなくなり、着ている衣服も脱いだらそのままその場に放置
してしまうようになった。何も告げず外出し、何時間も行方がわからず、夕方
になり他人に連れられて帰宅するか、電話がかかり、本人の居場所が判明し迎
えに行くということが多くなったので、当外来を受診した。診断の結果、アル

ツハイマー型痴呆の初期と判明、デイケアに通所し、芸術療法を行うも「作画や作陶には興味がない」と言い、腕組みし、無言で他の人たちの制作風景を眺めている状態が何日も続いた。しかし、徐々に雰囲気に慣れ、会話が生まれ、自発的に作画・作陶に取り組むようになった。

ある日、沈うつな表情で作画が進まない状態を示したので連絡帳を見ると、「一昨日の土曜日午後から行先も告げず一人自転車で外出、夜になっても帰ってこないので家族総出で八方探していたところ電話があり、『お宅の方ではないですか、今○○のバス停に自転車を持ってたたずんでおられます』という連絡があった。車で自宅から30〜40分は要する海辺まで出かけ、自分では一所懸命帰途についているとばかり思い、自転車を力いっぱいこいでいたという。体力的にも疲れ、夜もふけ、心細くなりたたずんでいるところを『どうかされたのですか』と尋ねられ、道に迷ったと答え住所と名前を告げたところ、電話で親切に連絡してくださったので、家族はあわてて迎えに行き連れ帰った」と記されていた。本人に「一昨日は大変でしたね、道に迷ったのですか」と尋ねると、「うん」とうなずき、悲しそうな表情で答える。「不安だったでしょう」と言うとうなずき、「ご主人から怒られましたか」と尋ねると、初めて言葉に出して「主人はやさしく『大変だったね、不安だったろう』となぐさめてくれた」と言い、「子どもさんたちは」ときくと、無言でうなだれるので「怒られたんでしょう、『ぼけがひどくなってきた』と言われたんでは」と問うと、涙をポロリと流しながら、筆者の目を見てうなずいて声は出さず涙を流していた。何とも言えぬ、悲しく、淋しいその姿が印象強く、言いしれぬ心の痛みを知ったので、早速、家族に来てもらい、「『ぼけ』『痴呆』は禁句にしていただきたい。外出は、たまには気晴らしに外の空気を吸いたい、海岸を見たい、散歩したいという老人の生理的な望みであり、道に迷う行為を防ぐためならば、ペンダント様の発信機をつけ、行方がわからなくなった時は早めに居場所を探し迎えに行くようにしていただけないか」と相談したところ、さっそく、手続きをしていただき、3週間後に発信機ができてきたと連絡があった。その後、通所が週2日だったのを5日にしたためか、まったく外出しなくなったという情報を受けている。

老年期痴呆と芸術療法　187

## ⑵ 記憶の保持と再生について考えさせてくれる症例

　記憶の障害、わかりやすく言えば「ものわすれ」には、正常な「ものわすれ」と「病的ものわすれ」がある。記憶は①おぼえる②おぼえつづける③思い出す、再生する、という３つの機能から成り立っている。病的障害のものわすれとは、アルツハイマー型痴呆の初期症状であり、記憶の機能がすべて障害される。

## 〔症例Ｃ〕男性、80歳、アルツハイマー型

　初診時は定年まで大きな会社の社長だったこともあり、「自分はものわすれはしない」という自信から、とくに精神科医に診察を受ける理由はないと強い態度と硬い表情で応対していた。しかし、出身地での生活歴に会話が及び、筆者と共通の有名人の話が出た途端、会話がはずみ、豊かな交友歴についての話となり、小学校・中学校時代から社長時代や家族のつきあいまで思い出し、筆者との親密感もできたのか、デイケア通所と芸術療法を応諾するまでになり、次週より来所の約束ができた。

　作画より作陶が好きなようで、生まれて初めての粘土と取り組み夢中になり、７ないし８回の作陶で第１作を完成（筒型の壺）。３週間後、素焼完成。釉薬（天目釉）をかけ、1200度で焼成してできあがった作品を本人に渡した時、「これが私の作品ですか、こんなに見事にできあがるのですね」と両手で抱えるようにして見事な作品を造った喜びをからだいっぱいで表現した姿は、老紳士の至福の瞬間をはっきりと周囲の人たちに印象づけた。

　２、３日後、診察室を訪ねてこられ、「この焼物は私の生まれて初めての作品ですから戴きたい」という申し出があったので、快く贈呈したところ、「我家の家宝として飾っておきます」と嬉しさを満面に浮かべ帰られた。

　その後、１週間に１ないし２回は筆者との話の中で必ず「あの壺は大切にしております。机の上に飾っております。本当にありがとうございました」と礼を丁寧に述べていたが、漸次忘れたのか、いつの間にか壺の話も出なくなり、その後は作画と作陶に余念なく励んでいた。

　４ヵ月ぐらい経過したある昼休みの時、スタッフの一人がなにげなく「Ｃさん、あなたが最初に作った黒釉の筒壺はまだ大切にしておられますか」と尋ねたところ、キョロキョロとして「ハァー」と言い、思い当たらない、まったく

感知しないといった表情で「いやー、そんな物作ったことありませんよ、あなたの間違いではないですか」と答えた。それを横で聞いていた筆者は、Ｃ氏が午後から作陶を始め、１時間ぐらい経過した頃、横に座り、作品のでき具合を質問しながら、なにげない素振りで「Ｃさん、一番最初に作られた天目釉の筒壺は今どうしておられますか」と尋ねたところ、ほんの一瞬、間をおいて、「あー、あの壺ですか、大切に筆立てとして机に飾っておりますよ、あれは本当にありがとうございました。先生のおかげで生まれて初めて壺を作り、親戚はもとより来客にも自慢して自作であることをお披露目しております。本当にありがとうございました」としっかりと思い出し、当時の感激を言葉と態度で表現されたのには、大変な驚きと頭を殴られたような感動を受けた。

〔症例Ｄ〕男性、73歳、アルツハイマー型
　高等学校の先生を定年退職、妻と二人で生活していたが、漸次ものわすれ、失見当識が出現。ある日、一人で散歩に出たところ、帰り道の方向を間違え、帰路とは反対方向に５時間以上歩きつづけ、体力の限界と不安にかられタクシーに乗り帰宅した。そのとき以来、奥さんから「くれぐれも一人歩きはしないように」と毎日のように言いきかされ、外出の時は二人で出かけることが習慣となり、単独での散歩はしなくなった、と本人は訴えている。「ものわすれがひどく一人では何もできません。みんなかーちゃんがやってくれるので、私は助かっています。かーちゃんには頭があがりません」といつも同じことを訴えながら、作画・作陶に熱中していた。
　７月のある日、作陶中「この壺をかーちゃんの誕生日プレゼントにしたいので、できあがったら私に戴けないでしょうか」との申し出があったので、「どうぞ」と言うと、大変な喜びようで、それからはさらに作陶に熱中し、８月の半ば頃に素焼きまでできあがった。「Ｄさん、奥さんの誕生日は何月何日ですか」と尋ねると、「あら何日だったかなぁー」と言いながら、笑顔で「帰って聞いてきます」とのことだった。次回の来所の日、「誕生日は」と尋ねると「９月25日です」とはっきりおぼえてこられた。そこで、９月中旬までに本焼し、作品として仕上げて棚に飾っておいたところ、「家内の誕生日に、これプレゼントしたいのです」とみずから持ってこられ、「こんなメッセージを書いてみま

した」と紙を差し出される。読んでみると、「誕生日おめでとう。いつまでも二人で仲良くこれからも長生きしよう」ときれいな毛筆で記されており、筆者は思わず目頭に熱いものを感じた。奥さんからは「帰宅したらすぐ包装紙にくるみ、リボンをかけた包みと封筒を『おめでとう』と言って手渡してきた。『俺が作った壺だぞ』と自信たっぷりな態度を見た時、結婚して初めての誕生日プレゼントであり、思わず涙が出ました」と感激の様子を記した連絡帳がきた。

その後、1ヵ月位経過した10月末頃、D氏に身体的異変が観察されたため、すぐに他院で精査を受けた結果、悪性腫瘍が発見され、手術が行われた。その後、退院されるまでに元気になられ、当デイケアに夫妻で急に来所されたところ、デイケアのことを確実におぼえていて、自作の絵や陶器を手に取り、しっかりと確認され、仲間の顔も思い出していたが各人の名前までは思い出せなかった。一同でささやかな退院祝いということで昼食をともにしたのち、帰られた。その後姿を見ながら、もう二度とお会いできないかもしれないと思うと涙がこみあげ、この仕事の一番辛い一瞬をしっかりと胸にやきつけた印象深い別れであった。

〔症例E〕女性、78歳、アルツハイマー型

通所6ヵ月頃のこと、昼食後、4～5名で会話中たまたま、ご飯の炊き方の上手・下手の話になり、昔はかまどで薪をくべて炊いたものだったと思い出話になった時、筆者が「薪で炊く時はね、初めチョロチョロ、中パッパ……エーとそれから何だったかなぁー」と言って詰まっていると、横にいたEさんが間髪を入れず「それはね、赤子泣いても蓋取るな、ですよ」と言って、ハァーと笑い顔をみせ、一同驚かされた。

その数日後、長谷川式が13点、MMS法が17点という結果が出た。長谷川式では生年月日が不正解、MMS法では正解であった。また、「文章を書いてください」と言うと、「好きな歌詞を書きましょう」と言って「みよ東海のそら明けて……」という戦時中の歌の1唱節を全部書いた。時計を見せると、10時10分は正しく答えられたが、11時10分は「10時40分」、12時10分は「2時」と答えた。「朝起きる時間は」という質問には「7時」と答えたが、「時計で7時を示してください」と言うと、針は1時35分になっていた。

〔症例F〕男性、75歳、混合型

　高校教師定年後、軽い脳梗塞を発症し、漸次治療をするも痴呆が著しくなった。歩行障害は回復したが、易怒的で話の繋がりが悪く、ものわすれ著明となり、落ち着きがなくなって、在宅介護が難しくなってきたため受診、デイケア通所となった。作画・作陶をする時も創作にはあきっぽく、よく喋り、周囲の人を笑わせることのほうが多かったが、月日の経過とともに作画・作陶にも身が入るようになってきた。

　6ヵ月経過した頃、「ここのデイケアの電話番号は534-5151でしょう、それはゴケサンヨ、コイコイと読むとおぼえやすい」と周囲の人たちに教えていた。家庭からの連絡帳によると「通所の曜日を正確におぼえ『明日は火曜の通所の日だから、かーちゃん、連れて行ってくれ』と言うようになった」と奥さんからの嬉しい便りが多くなってきた。

## (3) 痴呆老人の人間関係

〔症例G〕女性、81歳、アルツハイマー型

　4人で食事中、若いスタッフが前の痩せ型の76歳の女性（混合型）に「○○さんその食事全部食べてしまうことができますか」と問いかけたところ、「はい、全部食べられます」と答えた。そこで、スタッフがなにげなく「○○さんのような痩せ型の人は痩せの大食いと言いますもんね」と言ったところ、横にいたGさんがきつい目をして「あなた、何という失礼なことを言うの。そんなこと年上の人に言う言葉ではありません。そんなことを言うと、食べたくても食べられないじゃありませんか。人前で大きな声で言うことじゃありません」と母親が子どものしつけをするごとく強い調子で、たしなめた。

　別の日のやはり昼食後、一人のスタッフが自分の絵を持ってきて見せながら「この絵は、私の幼稚園に行っている子どもの絵の描き方をまねして仕上げたのよ」と言うと、Gさんが「そうね、昔からならわぬ経は読めないという言葉があるものね」と言う。他のスタッフが「その意味を教えてください」と尋ねると、「知らないお経は読めないものよ。お経も教えてもらってこそ初めて読め、読経になるのよ」と優しく教えた。

老年期痴呆と芸術療法　191

〔症例H、I〕男性、73歳と女性、74歳の夫婦で、ともにアルツハイマー
型痴呆

H氏の方が痴呆の程度は軽い。子どもさんたちが連れて来院、デイケア通所
となる。H氏は作画・作陶とも熱中型。Iさんは作画は嫌いなようでなかなか
描画しない。作陶は好きで熱中し、女性にしては大胆で次第に大きな作品の制
作ができるようになり、黙々と作陶している。

ある日、H氏の横で描画を見ていると、向こうから話しかけてきた。「ちょ
っと相談がある」と言う。「何でしょうか」と尋ねると、「最近、妻のものわす
れがひどくなってきたと思う。朝食後しばらく経って『食事は』と問うと『う
ん』と答えるが、食事の内容はまったくおぼえていない。ものわすれがどんど
ん進行するのでは」と不安がって訴えるので、「それではIさんとよく話し合
ってみましょう」と答えた。午後の休み時間にIさんを呼び、「食事は誰が作
っているのですか」と問うと、「私が一人で毎回作っております。主人は食事
に無頓着、無関心で何を食べたいとか、何を作ってくれとかいう注文すらまっ
たくない。作ってやったものを毎食黙々と食べるだけです。うまいもまずいも
言いません」という答えだった。H氏を呼び、この話をすると「確かにその通
りです」と言うので、「それでは私が1つ注文を出しますのでやってみてくだ
さい。夕食をあなたが何を食べたいのか、おかずの種類をはっきりと言って作
ってもらい、食後しばらくして夕食は何だったかと問いかけてみてください」
と伝えて、帰ってもらった。翌日その結果をきいてみたところ、「妻は見事に
夕食の内容をおぼえており、正確に大きさまで答えてくれました」と嬉しそう
な笑顔で報告してくれた。「その後、何回も夕食の注文を出し、2、3時間後
に3品のうち2品までは答えられ、1品は忘れていたり、妻が3品正解した時
は私の方が忘れて思い出せないこともある」と言って笑っていた。

〔症例J、K、L〕それぞれ、80歳、73歳、73歳の男性、アルツハイマー
型と筆者（71歳）

昨年12月上旬のある昼食時、男同士4人で食べながら、師走でもあったせい
か年齢の話になり、筆者が「皆さんより一番年下ですから弟分としてよろしく
お願いします。実は来年は辰年で私は年男です。そのため、市と県の医師会誌

192

に年頭の年男の挨拶を寄稿してくれとのことで、やっと原稿ができあがり送りました。筆不精者で拙文しか書けない私ですが、もう最後の年男の原稿になると思います。84歳の年男までは生きてはいませんと思いまして」と話すと、3人が同時に語気強く「先生そんなこと言わないでください。やっと先生と知り合ったばかりではないですか。仲良く、一所懸命、一緒に生きていきましょう。絵を描きましょう、お願いしますよ」と肩をたたかれ、励まされ、叱られ、仲間として一緒に生きていこうと言われる。強く胸にこみあげるものがあり、目頭に熱いものを感じていたら、3人とも涙をためて筆者を見つめていた。この幸せな感動は、生まれて初めて患者さんから授かった賜り物であり、しっかりこころにしまいこむことにした。

　以上10名の経過を簡単に述べてみたが、その他の通所登録者26名についても、それぞれ個性的な臨床症状を多彩に認めることができた。毎日ものわすれ老人から、自然で真実のものわすれ状況、すなわち痴呆の実像を直接じかに見聞し、体験してきた、この1年間は、筆者にとって驚きと反省の日々であり、痴呆の現実像を求め、より正しい姿勢を知りたい強烈な意欲と、未知への夢を抱かざるを得ない魅力にとりつかれた。

## ものわすれと痴呆について

　健忘はものわすれすることであり、ものわすれしただけでは、痴呆と診断しない。ちなみに、痴呆といっても初期で軽度のものから中等度、重度と3段階に分けられている。
　ものわすれにも「健康なものわすれ」と「病的ものわすれ」の2種類がある。しかし、それほどに明確に分類し、割り切れるものであろうか、記憶の機能には記銘、保持、再生があり、「健康なものわすれ」は、わすれはしても、時間が経つか、きっかけがあれば、思い出し再生することができる。痴呆のものわすれは、この機能がまったく失われたもので、機能障害であり病的であると言う。
　しかし、筆者はそうとばかりは考えていない。痴呆と診断された老人たちの

**老年期痴呆と芸術療法　193**

多くの症例から教えられたことは、記憶の記銘、保持、再生は痴呆の症例でも、その機能を取り戻すことが一時的にしろ認められるのだ。このことは学問的問題としては異論がある人もいるだろう。しかし、筆者は現実問題として初めから痴呆と呼ばず（カルテには記載してもよいが）、初期・中期までは「ものわすれ症候群」として、「ものわすれ老人」と呼ぶことにしている。いずれ進行したならば、アルツハイマー型痴呆、脳血管性痴呆、混合型痴呆という病名をつけることになるからだ。そして入院治療が必要となり、終末期医療と介護を行うことになる。

　せめて、ものわすれ老人と呼び、ものわすれ症候群として家庭生活や社会の中で一日でも永く生活してから終末期状態を迎えたならば、痴呆老人が現在の「ぼけ」や「痴呆」という語感から逃れられ、好感をもって受け入れられるであろう。そうした自説をたて、多数のものわすれ老人を仲間として絵を描き、作陶に励み、音楽を歌を口ずさみ、花や野菜を植え、料理を作って共に食べ生きつづけたいとの願いを仕事として夢としていく決心を固めている。


## まとめ

### (1) 通所者に関して

　開設して1年間をまとめてみると、総在籍者（登録者）は男性15名（42％）、女性21名（58％）、計36名であり、女性が6割であった。年齢は、70歳以上で、平均76.6歳。男性の平均が76.4歳、女性の平均が77歳。病名別分類では、アルツハイマー型30名（83％）、混合型5名（14％）、脳血管型1名（3％）であった。

　アルツハイマー型痴呆が当老人デイケアで高率だったのは偶然だったのか、たまたまの結果なのか、今後の経過をみる以外にはないと思っているが、以下のことが理由として考えられる。まず、一つにはアルツハイマー型痴呆の初期症状である「ものわすれ」と、当外来の名称である「ものわすれメンタルクリニック」とが一致しており、受診対象者が絞られたこと。次に脳血管性痴呆の場合、その初期には、痴呆の症状より身体的機能障害と神経巣症状が著明なため、その治療が優先し、次に痴呆症状が出現してくるという順序のため、治療は理学療法が主体となり、老人デイケアへはリハビリテーションを主目的とし

て通所しているためである。以上のような理由で、当デイケアへの通所者の8割以上がアルツハイマー型痴呆であったと推論してよいのではないだろうか。今後、いろいろな角度から検討し、経過を観察し慎重に検討していきたいと思う。

### (2) デイケアにおける芸術療法に関して

芸術療法のくわしい経過については紙数の関係でまたの機会にゆずるとして、ここでは簡略に述べることにする。

#### ①絵画療法

来所者全員がすぐに絵を描くことに馴染み、漸次上達、熱心に集中的に描画する。入院中の痴呆老人よりも2、3倍早い上達と進歩および集中力が認められる。できあがった絵は額に入れ、壁に展示しておくと大変嬉しいらしく、家族が来所すると自分の絵の前に連れて行き、何かと説明している姿は何にもましてスタッフ一同、絵画療法の効果をかいま見た気がする。

#### ②陶芸療法

すべての老人がすぐに粘土をちぎり、「まるめ」たり「のばし」始め、自己の型をそれぞれひねり始め、作陶のこまかい手法を教えると、どんどん上達、形ができあがると安堵と喜びをからだいっぱいで表現し、乾燥→素焼→釉薬がけ→本焼と進み、完成して作品を手にすると「本当にこれは自分が造った作品であろうか」という驚きから始まり、喜び、嬉しさがからだ全体に現れてくる。この体験が作陶への意欲となり、すぐに次の作陶への取り組みとなる。作品は希望により適時本人に渡しているが、残りは名前をつけて棚に並べたり、陶板は額に入れ壁に飾っておくことにしている。

#### ③音楽療法

小学唱歌、明治・大正・昭和歌集から選び、順次音楽に合わせ歌っているが、次第に歌詞を見ずに暗記して歌うようになる。民謡になると皆立ちあがり、リズムと歌に合わせ踊り出し、こころのレクリエーションと適度の運動になると、

絵画作品

作画風景

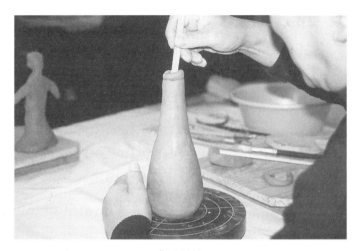

作陶風景

陶芸作品

老年期痴呆と芸術療法 197

老人たちは評価し、楽しんでいる（リズムと歌詞を思い出し、記憶する機能訓練として好適である）。

④園芸療法

ビルの狭いベランダ（全部で２坪程度）に棚を作り、鉢植えの野菜や花を育て、時期がくると、花は室内に飾り、野菜は食材にと利用している。場所の問題があり、他の療法よりも低調であるが、通所者が季節になると家庭から苗を持参してくれ、植えてくれることもたびたびである。

⑤料理教室

毎週土曜日は全員で昼食と３時のおやつをメニュー（栄養士がつくり、素材も購入してくれたもの）に沿って各人それぞれの受持ち（担当制）をつくり、手分けして９時から始め、12時に昼食とする。配膳まで皆でやり、食味の批評と、これはどのチームの作品であるか、各担当から手順とできあがりの説明があり、一同で手をたたいて評価する。食後ひと休みして食器を洗い、消毒庫へ納め終えたら、３時のおやつ作りとなり、その後の片付けで一日の治療活動は終わり、最後に各人の感想を述べてもらい、スタッフが記帳して終了となる。「女性の中にはおぼえた料理（手帳にメモして）を自宅で再現したり、男性は嫁や娘に味の注文をつけたりする」と連絡帳に記入されていることがある。食卓に置く箸置きや皿は自分たちの作陶での作品を使用することで、陶芸・料理の相乗効果がみとめられ、通所者も「箸置きは」「この皿は」とサインを探しながら、談笑している姿で証明される。


## おわりに

クリニック、デイケアは順調に１年を経過したのではなく、多くの問題に対応しなければならなかった。芸術療法の技法内容変更もたくさんあり、経営的にも問題を解決しなければならず、家族にしても今後の老人の行きつく先、病気の進行速度についての不安、家族には順次良好な経過説明はできたとしても、痴呆の進行を阻止する手段としての芸術療法だと断言できるには、まだまだ資

料と時間的経過が必要であり、今後いかなる発展的構想をとり証明していくか、4月からの介護保険元年を迎え、何かと不安定材料は増幅してくる。

　その解決策の一方法として提案していることは、ものわすれメンタルクリニックと、ものわすれ老人デイケアを核とし、グループホームとショートステイをフォローアップ施設として備えた福祉総合施設を作ることである。病院で入院医療を行うのではなく、福祉施設でものわすれ老人を支え介護し、芸術療法と日常生活再生活動を強力に施行できる新しい構想のもと、一人でも多くの在宅痴呆老人に気軽に利用していただき、入院するのではなく、在宅で通所し、通所不可能な状況となったらショートステイかグループホームを利用し、芸術療法を一生の友として毎日暮らせる環境ができれば、ものわすれ老人の一つの安住の場づくりとなり、芸術療法の検討症例もより数多く生まれ、その作品と経過は痴呆進行の推移についての貴重な資料として大いに期待できる。この新しい構想を具体化することは、21世紀の社会にとって重要で大切な意義ある介護事業だと確信し、わが老いの忘却を道連れにして人生最後の夢を完成させる決意をした次第である。


　　　　　（中川保孝先生は本稿執筆直後の2000年7月2日、逝去されました。）


　［追記］
　2000年3月10日夜、私は、翌日に食道癌の手術を控え、病室のベッドに横になり空を見つめていた中川保孝からこの原稿を「出版社に出しておいてくれ」と受け取りました。

　中川保孝は大学生時代に二科展に入選したことで絵画療法、芸術療法へ導かれ、その後、精神科病院を開業し芸術療法としての様々な取り組みを35年にわたり行ってきておりました。そして、ものわすれ外来開設とその併設のデイケアにおける認知症の人との出会いがこの原稿へと繋がり、一つの終着点となりました。

　この原稿が掲載された雑誌は2000年7月1日に出版されました。そして、翌7月2日中川保孝は永眠しました。72歳でした。

　本来なら、痴呆は認知症とすべきところを、そのまま掲載されることで私た

老年期痴呆と芸術療法　199

ちには「遺稿」として継続となりますことを編者の飯森眞喜雄先生と出版社の皆様方に心より感謝申し上げます。

（医療法人財団　友朋会　嬉野温泉病院　中川龍治）

## ●執筆者一覧（執筆順）

**飯森眞喜雄**（いいもり・まきお／精神医学）＝編者
　いいもりこころの診療所院長・東京医科大学名誉教授

**徳田良仁**（とくだ・よしひと／精神医学）
　日本芸術療法学会名誉会長

**伊集院清一**（いじゅういん・せいいち／精神医学）
　多摩美術大学大学院美術研究科美術学部教授

**中井久夫**（なかい・ひさお／精神医学）
　神戸大学名誉教授・甲南大学名誉教授

**高江洲義英**（たかえす・よしひで／精神医学）
　医療法人和泉会いずみ病院理事長

**中村研之**（なかむら・けんし／精神医学）
　医療法人社団中村メンタルクリニック院長

**吉野啓子**（よしの・けいこ／精神医学）
　宇都宮大学名誉教授

**関　則雄**（せき・のりお／アートセラピー）
　医療法人社団碧水会長谷川病院常勤アートセラピスト

**入江　茂**（いりえ・しげる／精神医学）
　入江クリニック院長

**弘中正美**（ひろなか・まさよし／臨床心理学）

　　山王教育研究所代表

**阪上正巳**（さかうえ・まさみ／精神医学）

　　国立音楽大学音楽学部音楽文化教育学科教授

**田村　宏**（たむら・ひろし／精神医学）

　　医療法人社団有心会タムラクリニック理事長

**高良　聖**（たから・きよし／臨床心理学）

　　元明治大学文学部心理社会学科教授・故人

**町田章一**（まちだ・しょういち／コミュニケーション）

　　大妻女子大学名誉教授

**富澤　治**（とみざわ・おさむ／精神医学）

　　とみさわクリニック院長

**中根千景**（なかね・ちかげ／臨床心理学）

　　南新宿カウンセリングオフィス公認心理師

**園　麻由子**（その・まゆこ／臨床心理学）

　　鶴見大学学生支援事務部臨床心理士

**中川保孝**（なかがわ・やすたか／精神医学）

　　医療法人財団友朋会嬉野温泉病院前院長・故人

## ●編者紹介

飯森眞喜雄（いいもり・まきお）

1948年長野県生まれ。慶應義塾大学文学部中退後、1975年東京医科大学医学部卒業。1999年から2014年まで東京医科大学精神医学講座主任教授。現在、いいもりこころの診療所院長、東京医科大学名誉教授。
専門は、精神療法、芸術療法、精神病理学。

主な編著書：『ホモ・ロクェンスの病―言葉の処方と精神医学』『芸術療法』『カウンセリングと心理療法』（日本評論社）、『俳句・連句療法』（創元社）、『芸術療法1 理論編』『芸術療法2 実践編』『芸術療法実践講座1～6巻』（岩崎学術出版社）、『精神科ポケット辞典』（弘文堂）、『ストレス科学事典』（実務教育出版）、『神経・精神疾患診療マニュアル』（南山堂）、『臨床実践のためのスピリチュアルセラピー』〈共訳〉（三輪書店）、『ストレス百科事典』〈監訳〉（丸善出版）、『DVDで学ぶ精神科医療の基本 第5巻精神療法』（中島映像教材出版）、『臨床医のための精神科面接の基本』（新興医学出版社）

げいじゅつりょうほう　しんそうばん
芸 術 療 法 ［新装版］

2019年8月30日　第1版第1刷発行

編　者——飯森眞喜雄
発行所——株式会社　日本評論社
　　　　　〒170-8474　東京都豊島区南大塚3-12-4
　　　　　電話　03-3987-8598（編集）-8621（販売）
　　　　　振替　00100-3-16
印刷所——港北出版印刷株式会社
製本所——井上製本所
装　幀——駒井佑二

©Makio Iimori 2019
ISBN 978-4-535-98484-4　　　　Printed in Japan

JCOPY ＜（社）出版者著作権管理機構　委託出版物＞
本書の無断複写は著作権法上での例外を除き禁じられています。複写される場合は、そのつど事前に、（社）出版者著作権管理機構（電話 03-5244-5088、FAX 03-5244-5089、e-mail: info@jcopy.or.jp）の許諾を得てください。また、本書を代行業者等の第三者に依頼してスキャニング等の行為によりデジタル化することは、個人の家庭内の利用であっても、一切認められておりません。

# 臨床アートセラピー
### ── 理論と実践 ──
### Clinical Art Therapy
### Theory and Practice

関 則雄[著]

絵を描いたり、コラージュ制作をしたり、粘土やさまざまな立体素材を用いて自己表現を行うアートセラピーを基礎から学べる労作。

◆本体2,800円+税／A5判

# 布コラージュ法の世界
### ══ 回復への途を紡ぐ物語 ══

藤井智美[著]

高齢者から子供まで、温かな布は誰をも排除せず水平な関係のまま包み込む。細やかな配慮によるセッションでセラピスト、クライアント双方が希望の糸口を見出す世界。事例をもとにわかりやすく紹介する。　◆本体2,400円+税／A5判

# ［新版］精神科治療の覚書

中井久夫[著]

NBS Nippyo Basic Series　日評ベーシック・シリーズ

「医者ができる最大の処方は希望である」──精神科医のみならず、すべての臨床医に向けられた基本の書。ワイド判、読みやすい文字になって新版化！　◆本体2,400円+税／A5判

### 日本評論社
https://www.nippyo.co.jp/